Mon frère

JAMAICA KINCAID

Mon frère

Traduit de l'anglais (États-Unis)
par Jean-Pierre Carasso et Jacqueline Huet

ÉDITIONS DE L'OLIVIER

TITRE ORIGINAL
My Brother

ISBN 978.2.8236.2262.1

Pour Ian (« Sandy ») Frazier

Quand j'ai revu mon frère après très longtemps, il était couché dans un lit du Holberton Hospital, dans la salle Gweneth O'Reilly, et on le disait mourant du sida. Il n'était pas né dans cet hôpital. Des quatre enfants de ma mère, il était le seul né à la maison. Je me rappelle sa naissance. J'avais treize ans. Nous venions de finir notre dîner, dîner de poisson bouilli et de tartines beurrées, et ma mère m'a envoyée chercher la sage-femme, une certaine Nurse Stevens, qui habitait au coin des rues Nevis et Church. C'était une femme imposante ; les deux moitiés de son derrière montaient et descendaient en roulant à chaque pas qu'elle faisait, et elle marchait très lentement. Quand je suis arrivée pour lui dire que ma mère voulait qu'elle vienne aider à la naissance de mon frère, elle était sur le point de finir son propre dîner et dit qu'elle viendrait quand elle aurait terminé. Mon frère est né au milieu de la nuit du 5 mai 1962. La couleur de sa peau quand il est né était d'un jaune rougeâtre. Je ne sais pas combien il pesait car on ne l'a pas pesé au moment de sa naissance. Cette nuit-là, bien sûr, nos habitudes furent bouleversées : d'habitude mes deux autres frères et moi allions nous coucher, notre père faisait une promenade jusqu'à un pont, près du terrain de jeu – promenade recommandée par son médecin pour son mauvais système digestif et pour son mauvais cœur –, le noir épais de la nuit sans réverbères tombait, notre père rentrait de sa promenade, un chien aboyait au bruit de ses pas, la porte s'ouvrait et se refermait à clé derrière lui, ses fausses dents tintaient quand il les plaçait dans un verre d'eau, il ronflait et puis c'était l'arrivée du petit matin. On nous a envoyés chez des voisins. Je ne me rappelle pas exactement chez qui mes autres frères ont été envoyés. Je suis allée chez une amie de ma mère, femme dont la fille de six ans tomba malade pas si longtemps après la nuit de la naissance de mon frère et mourut dans les bras de ma mère sur le chemin de la maison du médecin, exhalant son dernier soupir pendant qu'elles traversaient ce même pont jusqu'auquel mon père marchait chaque soir. Cela a été la première personne à mourir dans les bras de ma mère ; peu de temps après, une femme qui habitait en face de chez nous dans la rue, miss Charlotte, c'était son nom, est morte dans les bras de ma mère pendant que ma mère essayait de la réconforter un peu de la souffrance d'une crise cardiaque qu'elle venait de faire.

J'ai entendu mon frère crier son premier cri et

puis on a un peu discuté de ce qu'il fallait faire de son placenta, mais je ne sais pas aujourd'hui ce qu'on a décidé d'en faire en totalité ; je sais seulement qu'un petit morceau en fut séché et épinglé à l'intérieur de ses habits comme talisman pour le protéger des mauvais esprits. Il a été placé dans une chemise que ma mère avait faite, mais parce qu'elle avait deux autres petits enfants, mes autres frères, l'un qui avait presque quatre ans, l'autre presque deux ans, elle n'avait pas pu accorder à sa chemise de coton le luxe d'attentions coutumier, broderies et lavages appropriés du tissu ; les chemises qu'il a portées étaient toutes simples. On l'a enveloppé d'un lange et placé près d'elle et tous deux se sont endormis. Le lendemain même, pendant qu'ils dormaient tous les deux, lui blotti dans la chaleur du corps de sa mère, une armée de fourmis rouges est entrée par la fenêtre et l'a attaqué. Ma mère a entendu son enfant crier et quand elle s'est éveillée, elle l'a trouvé couvert de fourmis rouges. S'il avait été seul, on croit qu'elles l'auraient tué. C'est un incident dont personne n'a jamais parlé à mon frère, un incident que tout le monde dans ma famille a oublié, excepté moi. Un jour pendant sa maladie, alors que ma mère et moi étions debout près de lui à le regarder – il dormait et ne savait donc pas que nous le faisions –, j'ai rappelé à ma mère que les fourmis avaient failli le dévorer et elle m'a regardée, les yeux étrécis par le soupçon, et elle a dit : « La mémoire que tu as ! » – peut-être est-ce ce qui lui déplaît le plus chez moi. Mais je me demandais seulement s'il y avait une signification à ce que de petites choses rouges aient failli le tuer de l'extérieur, peu après sa naissance, et que maintenant de petites choses le tuaient de l'intérieur ; je ne crois pas qu'il y ait une signification, ce n'est que le genre de choses qui viennent naturellement à un esprit comme le mien.

Ce jeudi soir où j'ai eu des nouvelles de mon frère au téléphone par une amie de ma mère parce que, à ce moment-là, ma mère et moi étions dans une période où nous ne nous parlions pas (et ce fait de ne pas nous parler a sa vie propre, comme un organisme inconnu, les règles par lesquelles il survit, nul n'a su encore les déchiffrer ; ma mère et moi ne savons jamais quand nous cesserons de nous parler et nous ne savons jamais quand nous recommencerons), j'étais chez moi dans le Vermont, absorbée par le bien-être de mes enfants, absorbée par le bien-être de mon mari, absorbée par mon bien-être propre. Quand j'ai parlé avec cette amie de ma mère, elle a dit que mon frère avait quelque chose et qu'il faudrait que j'appelle ma mère pour savoir ce que c'était. J'ai dit : Qu'est-ce qu'il a ? Elle a dit : Appelle ta mère. Je l'ai interrogée, avec ces mots-là exactement, à trois reprises, et à trois reprises elle a répondu de la même façon. Et alors j'ai dit : Il a le sida ; et elle a dit : Oui.

Si elle avait dit qu'il avait eu un terrible accident de voiture, ou si elle avait dit qu'il avait été soudain frappé d'un cancer mortel, j'aurais été surprise, car il ne conduisait pas – je le savais. Qu'est-ce qui cause un cancer mortel ? Cela, je ne le sais pas. Mais il menait une vie dont on dit qu'elle est typique de ceux qui contractent le virus qui cause le sida : il prenait des drogues (j'étais sûre seulement de la marijuana et de la cocaïne) et il avait de nombreux partenaires sexuels (à ma connaissance seulement des femmes). Il était négligent ; je ne peux l'imaginer prenant le temps d'acheter ou d'utiliser un préservatif. C'est un jugement rapide, parce que je ne connais pas très bien mes frères, mais je suis à peu près sûre qu'un préservatif n'est pas le genre de choses qu'il aurait pris la peine d'utiliser. Un jour, voilà quelques années, quand j'étais en visite dans ma famille – c'est-à-dire, la famille dans laquelle j'ai grandi –, assise sur son lit dans la maison qu'il habitait seul, maison qui était à deux longueurs de bras de la maison de notre mère, où elle logeait avec un autre fils, adulte, je lui dis de mettre un préservatif quand il couchait avec quelqu'un, je lui dis de se protéger du virus VIH et il me rit au nez, disant qu'il ne se procurerait jamais une telle bêtise (« Oufou ! moi péké jamé pren'cochonnerie la ça »). Mais il est vrai qu'il me considérait peut-être comme une personne ridicule. J'avais vécu loin de chez moi depuis si longtemps que j'avais cessé de comprendre facilement le genre d'anglais qu'il parlait et je devais toujours le faire répéter et j'avais cessé de parler le genre d'anglais qu'il parlait et, quand je lui disais quoi que ce soit, il me regardait et parfois m'éclatait de rire au nez. Ki jen ou ka palé la, disait-il. Et puis encore, je n'étais pas grosse, il s'était attendu, ne m'ayant pas vue depuis vingt ans, à ce que je sois grosse. La plupart des femmes de chez nous deviennent grosses au bout d'un moment, c'est la mode d'être une grosse femme.

Quand j'ai vu mon frère couché dans le lit d'hôpital, mourant de cette maladie, il avait les yeux fermés, il était endormi (ou dans un état du même genre que le sommeil, parce que le sommeil, état normal et parfaitement sain, ne pouvait être ce qu'il connaissait étendu là, mourant) ; ses mains reposaient sur sa poitrine, l'une par-dessus l'autre, juste sous le menton, dans cette pose pieuse des morts, mais il n'était pas mort à ce moment-là. Sa peau était d'un noir profond, je l'ai remarqué, et j'ai pensé que je le remarquais peut-être parce que je vis en un lieu où nul ne possède son teint, excepté moi, et je ne possède pas réellement son teint, je ne possède son teint qu'au sens de la race. Mais plusieurs jours plus tard, ma mère me dit : Il est devenu si noir, la maladie l'a rendu si noir (elle me dit cela dans ce genre d'anglais, elle fait un effort pour parler ce genre d'anglé la ça qui est désormais celui que je comprends immédiatement). Ses lèvres étaient écarlates et couvertes de petites plaies qui avaient une croûte dorée. Quand il a ouvert les yeux et m'a vue, il a fait ce bruit-là, le tchip (on le fait en serrant les dents tout en avançant les deux lèvres pour aspirer l'air avec force, tout cela à la fois). Il a dit qu'il ne croyait pas que je viendrais le voir (« Yo di moi ou té ké veni mais moi pa compren'ça té vré »).

Au moment où le coup de téléphone est venu m'apprendre la maladie de mon frère, au nombre des conforts et des luxes multiples dont je jouissais, il y avait la lecture d'un livre, *L'Éducation d'un jardinier*, écrit par un dénommé Russell Page. J'étais en train de décider que, jardinier concevant des jardins pour autrui, il avait la personnalité du domestique, pas la personnalité de l'artiste, que sa prose était maniérée, sage, timide ; alors que le livre m'ennuyait, j'en continuerais la lecture parce qu'il offrait un intéressant contraste avec certains autres jardiniers dont j'adorais les écrits. (Je ne pensais tout cela qu'avant la sonnerie du téléphone. J'adore maintenant *L'Éducation d'un jardinier* et je me fais d'avance une joie de le relire.) Et donc quand le téléphone a sonné j'ai posé ce livre pour répondre et j'ai appris pour mon frère.

La fois suivante où j'ai ouvert ce livre j'étais assise sur la pelouse devant la salle Gweneth O'Reilly et mon frère était assis dans un fauteuil à côté de moi. C'était plusieurs jours plus tard. Il pouvait à peine marcher, il pouvait à peine se redresser sur son siège, il était comme un vieux. La marche de son lit jusqu'à la pelouse l'avait épuisé. Nous avions sous les yeux un paysage ordinaire d'Antigua. On y avait planté des saules, planté, je le soupçonne, voilà longtemps, quand Antigua était encore une colonie et que le gouvernement colonial était responsable de la marche de l'hôpital. Ce ne fut jamais un très bon hôpital mais c'est un hôpital épouvantable maintenant et seuls les gens qui n'ont pas les moyens de s'offrir autre chose en sont les patients. Près des saules, il y avait un vieux flamboyant à moitié mort ; il avait besoin d'être taillé et nourri. Il y avait une vieille bâtisse de traviole à quelque distance, et le reste du paysage était envahi par les cassiers. Et quand j'ai repris ce livre, *L'Éducation d'un jardinier*, j'ai regardé mon frère, car il était jardinier lui aussi, et je me suis demandé si sa vie avait pris un certain tour, s'il avait fait que sa vie prenne un tour différent, aurait-il pu écrire un livre portant un tel titre ? Derrière la petite maison qu'il habitait dans la cour de notre mère, il avait planté un bananier, un citronnier, divers légumes, divers buissons non fleuris. Quand j'ai vu pour la première fois son petit jardin derrière sa petite maison, j'en ai été effarée et je lui ai demandé s'il avait tout fait lui-même et il avait répondu : Bien sûr (« Ka ou compren' ! »). Je sais maintenant que c'est de notre mère que nous, lui et moi, tenons cet amour des plantes. Déjà au moment où lui et moi étions assis sur la pelouse, notre mère faisait pousser sur un treillage qu'elle avait confectionné à l'aide d'un vieux sommier de fer et de vieux morceaux de tôle ondulée une passiflore et sa croissance voluptueuse était impressionnante parce qu'il n'est pas facile de cultiver la passiflore à Antigua. Elle produisait des fruits en telle abondance que ma mère devait en donner une partie, il y en avait plus qu'elle n'en avait l'usage. Ce talent qu'elle a de faire pousser des choses m'est très familier ; quand j'étais enfant, à l'endroit même où la maison de mon frère se trouve maintenant, elle cultivait toutes sortes de légumes et d'herbes. Les fourmis rouges qui l'avaient attaqué quand il avait moins d'un jour étaient passées par des okras qu'elle avait plantés trop près de la maison ; des buissons d'okras, les fourmis rouges avaient gagné une fenêtre puis le lit dans lequel il était couché avec ma mère. Après avoir tué toutes les fourmis rouges qui avaient attaqué son enfant, elle était sortie et sous l'emprise d'une grande colère avait arraché les okras, racines et tout, et les avait jetés.

Je comprends seulement maintenant pourquoi les gens mentent sur leur passé, pourquoi ils disent qu'ils sont une chose autre que la chose qu'ils sont réellement, pourquoi ils s'inventent un être qui ne présente aucune ressemblance avec qui ils sont réellement, pourquoi qui que ce soit voudrait avoir le sentiment de n'être de nulle part, de ne venir de personne, d'être tombé du ciel, voilà tout, complet.

Car un jour que ma mère et moi étions derrière sa maison et qu'elle se plaignait, mais sans le savoir, de la grande dépendance de l'un ou l'autre de ses enfants vis-à-vis d'elle, sans s'aviser qu'elle faisait cela tout le temps, dire à chacun d'entre nous du mal des autres derrière leur dos, j'ai remarqué que le citronnier que mon frère malade avait planté n'était plus là et je m'en suis enquise et elle a dit d'un air tout à fait détaché : Oh, nous l'avons coupé pour faire de la place pour la pièce supplémentaire. Et cela m'a fait baisser les yeux sur mes pieds immédiatement, involontairement, cela m'a peinée de l'entendre le dire, comme m'a peinée sa façon de le dire, j'en ai éprouvé de la honte. Ce citronnier aurait été une des choses qu'il laissait de sa vie. Rien n'est venu de lui ; pas d'œuvre, pas d'enfant, pas d'amour pour quelqu'un d'autre. Il avait eu un emploi autrefois, quelque chose dans le service des travaux publics, mais il répliquait trop – il avait la dent dure quand on le contrariait, disait ma mère – et un jour, lors d'une discussion avec son supérieur, il avait dit quelque chose de grossier (« I jurié manman yo ») et s'était fait renvoyer. Quelqu'un m'a dit qu'il avait gagné beaucoup d'argent à l'époque. Il en avait donné beaucoup à ma mère afin qu'elle l'économise pour lui mais après avoir perdu son travail il lui en demandait souvent jusqu'au jour où pour finir il n'en était plus rien resté et quand il tomba malade il était indigent, sans soutien financier d'aucune sorte. Cela ne semblait pas l'inquiéter ; je n'aurais pu dire si cela avait une quelconque signification. Quand son père, le mari de ma mère, mourut, il laissa ma mère sans un sou et elle dut emprunter de l'argent pour l'enterrer. Mon frère n'avait pas de petite amie régulière, pas de femme, personne, en dehors de sa propre mère, pour prendre soin de lui ; il n'avait pas d'enfant, allongé là mourant, ses amis l'avaient abandonné. Personne, en dehors des gens de sa famille et des amis que sa mère avait dans sa paroisse, ne venait le visiter.

Mais ceci encore est une image véridique de ma mère : quand il était malade, chaque matin elle se levait très tôt afin de préparer pour son fils malade un bol de porridge et une mixture fortifiante, un complément alimentaire liquide qu'elle mettait dans un petit sac pour aller à l'hôpital, trajet de plus d'un kilomètre et demi qui comporte une côte assez raide. Quand elle se mettait en route aux environs de six heures et demie, le soleil n'était pas encore au milieu du ciel, de sorte qu'il ne faisait pas très chaud. Parfois quelqu'un lui faisait faire le trajet en voiture, mais le plus souvent, tel n'était pas le cas. Quand elle arrivait à l'hôpital, elle donnait un bain à mon frère et, quand elle faisait cela, elle s'arrangeait pour qu'il ne sache pas qu'elle voyait que la plaie était toujours là sur son pénis et qu'elle s'en inquiétait. Elle avait découvert cette plaie par accident quand il était à l'hôpital pour la première fois et quand elle lui avait demandé comment il avait attrapé une chose pareille il lui avait dit qu'en s'asseyant sur des toilettes il avait chopé quelque chose. Elle ne l'avait ni cru ni pas cru quand il lui avait dit cela. Après l'avoir baigné, elle l'habillait du pyjama propre qu'elle avait apporté pour lui et si l'on n'avait pas changé ses draps elle les changeait puis il s'asseyait dans son lit et elle l'aidait à manger ses aliments, la nourriture qu'elle avait préparée pour la lui apporter.

La première fois que je l'ai vu, sa bouche entière et sa langue, tout l'intérieur de sa bouche jusqu'au fond, jusqu'à son gosier, étaient recouverts d'une couche blanche par le muguet. Il avait une petite plaie près d'une amygdale. Je pouvais la voir quand il ouvrait grand la bouche, ce qui lui demandait un gros effort. Cela lui rendait difficile d'avaler quoi que ce fût mais particulièrement les aliments solides. Quand il mangeait le porridge et buvait le complément alimentaire liquide fortifiant que ma mère avait apportés pour lui, il devait faire un tel effort que c'était comme s'il avait soulevé des tonnes et des tonnes de charge. Un regard de souffrance venait dans ses yeux. Il mangeait et buvait lentement. Notre mère, qui adore faire la cuisine et voir les gens manger ce qu'elle a préparé, d'autant plus qu'elle se sait extrêmement bonne cuisinière, le pressait de manger chaque fois qu'elle le voyait s'interrompre (« Fè on effo vale ça ») et il la regardait, désemparé. D'ordinaire il aurait répliqué vertement à sa manière mais en ces instants-là je crois qu'aucune réplique ne lui venait à l'esprit. Après avoir veillé à ce qu'il mange son petit déjeuner, elle faisait le ménage dans sa chambre, mettait son linge et sa serviette-éponge sales dans un sac qu'elle emporterait à la maison pour les laver ; elle vidait le bassin qui contenait son urine, elle frottait de crème la peau parcheminée de ses bras et de ses jambes, elle le coiffait de son mieux. Ma mère adore ses enfants, je veux le dire, à sa manière, et cela est très vrai, elle nous aime à sa manière. C'est sa manière à elle. Elle ne s'est jamais avisée que sa manière de nous aimer pourrait n'être pas la meilleure chose pour nous. Elle ne s'est jamais avisée que sa manière de nous aimer pourrait l'avoir servie elle mieux qu'elle ne nous a servis nous. Et pourquoi en serait-il autrement ? Peut-être tout amour ne sert-il jamais que lui-même. Je ne sais pas, je ne sais pas. Elle nous aime et nous comprend quand nous sommes faibles et désemparés et avons besoin d'elle. Les souvenirs les plus forts que j'ai moi-même d'elle tournent autour des bains et de la nourriture qu'elle m'a donnés. Quand j'étais toute petite et que mon nez se bouchait de morve, résultat d'un rhume, elle plaçait sa bouche sur mon nez et aspirait la morve dans sa propre bouche puis la recrachait ; quand j'étais toute petite et que je n'aimais pas manger, me plaignant que mâcher était fatigant, elle mâchait ma nourriture dans sa propre bouche et après l'avoir convenablement amollie la mettait dans la mienne. Son amour pour ses enfants quand ils sont enfants est spectaculaire, sans égal j'en suis sûre dans l'histoire de l'amour maternel. C'est quand ses enfants s'efforcent d'être de grandes personnes – des adultes – que la mécanique de son amour pour eux tombe en morceaux ; c'est quand ils vivent dans un froid appartement à New York, affamés et sans le sou parce qu'ils ont décidé d'être écrivains, qu'ils lui écrivent, en quête de compassion, d'un mot d'encouragement, d'amour, que la mécanique de son amour tombe en morceaux. Sa réponse à l'une de ses enfants qui se retrouvait dans cette situation difficile fut : « C'est bien fait pour toi, tu essayes toujours de faire des choses que tu sais que tu ne peux pas faire. » Ce furent ses mots, exactement. Il n'empêche, son amour, si nous sommes mourants, ou si nous sommes en prison, est si merveilleux, une immense fortune, et nous avons de la chance de l'avoir. Mon frère était mourant ; il avait besoin d'elle à ce moment précis.

Dans les souvenirs pleins de charme et d'autorité de la manière dont il est devenu jardinier, Russell Page écrit :

> Quand j'étais enfant, il y avait tous les vendredis un marché dans la vieille halle au beurre palladienne près du Stonebow à Lincoln. Les fermières venaient en voiture tôt le matin vêtues de leurs plus beaux atours avec des paniers de beurre frais, des poulets, des canards et des bouquets de menthe et de sauge fraîchement cueillies. J'y étais souvent mené par la

gouvernante de mon grand-père qui y allait faire ses achats et je me rappelle que toujours, au printemps, il y avait des bouquets mauves de primevères doubles et de *Daphne mezereum* au parfum céleste. Par la suite quand ma passion pour les jardins se développa, désirant ces plantes, je ne pus jamais les trouver dans les jardins de nos amis. À croire qu'elles poussaient seulement dans les jardins rustiques de hameaux perdus parmi les champs et les bois. J'en vins peu à peu à connaître les paysans et leurs jardins à des kilomètres à la ronde, car ces gens de la campagne avaient un don singulier pour les plantes. Les appuis des fenêtres de cuisine étaient pleins de pots d'où cascadaient les *Campanula isophylla*, les géraniums, les fuchsias et les bégonias, tous obtenus à partir de boutures. On me donnait des pousses d'œillets et de roses passées de mode qu'on ne trouvait plus dans aucun catalogue et des graines de plantes rapportées peut-être par un cousin matelot – c'était tout un monde de modestes toqués des fleurs.

Que dirait mon frère si on lui demandait comment il s'était intéressé à faire pousser des choses ? Il avait vu notre mère le faire. Quoi d'autre ? Voilà ce que ma famille, les gens avec lesquels j'ai grandi détestent chez moi. Je dis toujours : Te rappelles-tu ? Il y a douze bananiers derrière sa petite maison maintenant, mais voilà des années, quand j'ai remarqué pour la première fois son intérêt pour faire pousser des choses, il n'y en avait qu'un. J'ai demandé à ma mère comment il avait fini par s'en trouver douze parce que les habitudes de cette plante ne me sont pas familières. Elle a dit « Ben… » et quelque chose d'autre s'est produit, un chien qu'elle avait adopté s'apprêtait à faire quelque chose qu'elle n'aime pas qu'un chien fasse. Elle a appelé le chien vivement, et quand le chien n'a pas réagi, elle lui a jeté des cailloux. Notre attention est passée à autre chose. Mais le bananier porte un régime de fruits et après cela il meurt ; avant de mourir, il fait essaimer de petites pousses. Certains des bananiers de mon frère avaient porté des fruits et, mourant, faisaient essaimer de nouvelles pousses. Cet homme des plantes qu'aurait pu être mon frère ne sera jamais, et toutes les autres choses qu'il aurait pu être dans sa vie sont mortes, mais à l'intérieur de son corps une mort vit, fleurit et refleurit avec une voracité que rien ne semble en mesure de satisfaire ni d'arrêter.

Je suis si vulnérable aux besoins et à l'influence des membres de ma famille que de temps en temps je m'en tiens à l'écart. Je ne leur écris pas. Je ne leur rends pas visite. Je ne mens pas, je ne nie pas, je me tiens seulement à l'écart. Quand j'ai appris que mon frère était malade et mourant, la réflexion que je m'autorise d'ordinaire chaque fois que se présentent les besoins de ma famille – convient-il ou non que je laisse cela m'affecter ? – se volatilisa. J'ai eu l'impression de tomber dans un grand trou et je n'ai pas cherché à arrêter ma chute. J'ai eu l'impression d'être engloutie dans une grande vapeur de tristesse et je n'ai pas cherché à y échapper. J'ai commencé à craindre qu'il meure avant que je l'aie revu ; puis j'ai été obsédée par la crainte qu'il meure avant que je l'aie revu. Cela me surprenait de l'aimer ; je voyais bien que c'était ce que j'éprouvais, l'amour de lui, et cela me surprenait parce que je ne le connaissais pas du tout. J'avais treize ans quand il est né. Quand j'ai quitté notre foyer, à seize ans, il en avait trois. Je ne me rappelle pas avoir éprouvé d'affection particulière ni d'aversion notable pour lui. Notre mère me dit que c'est le cadet que j'aimais le plus des trois, mais cela semble une invention de sa part. Je considère mes frères comme les enfants de ma mère.

Quand il était bébé, je changeais ses couches, je lui donnais son bain. Je suis sûre que je le faisais manger. À la fin d'une journée, quand il était à l'hôpital et que j'avais passé près de lui la plupart du temps, observant les réactions de son corps à l'AZT, médicament que je lui avais apporté parce qu'on m'avait dit qu'on ne pouvait se le procurer à Antigua, je lui dis que rien de bon ne pouvait venir de ce qu'il soit si malade mais que je ne voulais pas moins le remercier de m'avoir permis de me rendre compte que je l'aimais et il m'a demandé si c'était pour de bon (« Ess'sé vré ? ») et j'ai dit oui, c'était pour de bon. Et puis quand je l'ai quitté ce jour-là, après lui avoir dit bonne nuit et avoir refermé la porte derrière moi, ma silhouette est passée devant les persiennes à claire-voie de la fenêtre de sa chambre et, de son lit, allongé sur le dos, il m'a vue et il a lancé : « Je t'aime. » C'est une chose que seuls mon mari et mes enfants me disent, et la réponse que je leur fais toujours est la réponse que je lui ai faite : « Moi aussi, je t'aime. »

Il était couché dans une petite chambre très haute de plafond, tout seul. À l'hôpital on met les patients qui souffrent de cette maladie dans des chambres où ils sont seuls. La chambre avait deux fenêtres, mais elles ouvraient toutes deux sur des corridors de sorte que la ventilation était convenable. Il y avait un long tube fluorescent qui pendait du haut plafond. Il n'y avait pas de lampe de chevet, mais pourquoi y en aurait-il eu ? Je l'ai remarqué seulement parce que je me suis habituée à cette chose, une lampe de chevet ; il ne se plaignait pas à ce propos. Il y avait un téléviseur cassé dans un coin et lorsqu'il y avait plus de deux visiteurs dans la chambre c'était utile parce qu'on pouvait s'asseoir dessus. C'était une chambre sale. Le sol de linoléum était maculé de taches de rouille, il aurait fallu le frotter ; un jour il avait renversé le bassin qui contenait son urine et il avait fallu nettoyer avec de l'eau de Javel non diluée. Il avait deux tables métalliques et une chaise faite de métal et de plastique. Le métal était rouillé et le dessous du mobilier était couvert d'une épaisse couche de saleté. Les murs de la chambre étaient sales, les lattes des fenêtres à claire-voie étaient sales, les pales du ventilateur accroché au plafond étaient sales. Et quand on le mettait en marche, il en tombait parfois de gros moutons. Ce n'était pas une bonne chose pour quelqu'un qui avait du mal à respirer. Il avait du mal à respirer.

Parfois quand j'étais assise avec lui, dans les premiers jours où je le revoyais pour la première fois après si longtemps, le voyant couché là, comme ça, à mourir plus vite que la plupart des gens, j'ai voulu m'enfuir, je vociférais à l'intérieur de ma tête : Qu'est-ce que je fais là, je veux rentrer chez moi. Mes enfants et mon mari me manquaient. La vie que j'en suis venue à connaître me manquait. Quand j'étais assise avec mon frère, la vie que j'en suis venue à connaître était mon passé, un passé qui ne me donne pas l'impression que je tombe dans un trou, qu'une vapeur de tristesse m'engloutit. Dans cette chambre sale, d'autres gens avant lui étaient morts de cette même maladie. C'est là qu'on met les gens qui souffrent du virus qui cause le sida. Quand on lui a dit pour la première fois qu'il était séropositif, il n'a pas dit la vérité à notre mère, il lui a dit qu'il avait un cancer des poumons, il a dit à quelqu'un d'autre qu'il avait de l'asthme, mais il savait et ma mère savait et quiconque s'y intéressait pouvait savoir que seuls les gens séropositifs au virus du sida étaient placés à l'isolement dans cette chambre.

Je l'ai quitté ce premier soir et je suis montée en voiture. Je l'ai laissé couché sur le dos, les yeux fermés, le tube fluorescent allumé. J'ai roulé dans une voiture de location et je suis passée devant la salle Magdalene, la maternité où je suis née, devant l'endroit où la Maison des Morts était autrefois (petite bâtisse semblable à une maison rurale où les corps des morts étaient entreposés en attendant que les familles viennent les chercher), mais elle n'y est plus ; elle a été démolie quand elle est devenue trop délabrée pour empêcher les odeurs des morts d'en sortir. Puis je suis arrivée à un grand carrefour où il y avait un feu de signalisation mais il était cassé et avait été cassé depuis longtemps, on ne pouvait le réparer parce que les pièces détachées ne sont plus fabriquées où que ce soit dans le monde – et cela ne m'a pas surprise, parce que Antigua est un endroit comme ça : pour tout ce qui s'y trouve, les pièces détachées ne sont plus fabriquées où que ce soit dans le monde ; à Antigua elle-même, rien n'est fabriqué. Je suis passée devant la prison, et juste à côté de la prison devant l'école où mon frère allait quand il était petit garçon et où il avait passé un examen pour aller à l'école Princesse Margaret et à cet examen, qu'on passait dans toutes les écoles de l'île, il avait été reçu troisième de tous les enfants qui passaient cet examen. Je suis passée devant l'école Princesse Margaret. Ce fut quand il allait à cette école qu'il commença à s'attirer des ennuis. Ma mère dit, à propos des amis qu'il s'était faits là, qu'ils ont eu une mauvaise influence. Et je suis sûre que les mères des autres enfants, ses amis, pensaient de lui la même chose – qu'il avait une mauvaise influence. Ce fut quand il était élève de cette école qu'il fut mêlé à un crime, quelque chose qui avait à voir avec un vol dans une station-service, au cours duquel quelqu'un fut tué. On s'accordait à dire qu'il n'avait pas actionné la détente ; il n'est pas sûr qu'il ait assisté ou non au meurtre proprement dit. À un moment donné, voilà des années, ma mère me dit qu'il avait fait un bref séjour en prison pour ce crime et qu'elle l'en avait sorti par des relations politiques qu'elle avait alors mais qu'elle n'a plus. Aujourd'hui elle ne parle jamais du meurtre ou du temps qu'il a passé en prison. Quand il m'arrive d'aborder le sujet, elle dit que c'est une vieille histoire (« Cé bitin passé moi sav ou aimé ça, alo tention a'ou »). Et pour ma mère une vieille histoire est une sale histoire, une histoire avec une fin qu'elle n'aime pas.

La voiture a ensuite tourné dans Fort Road et est passée devant les pompes funèbres Straffee. Je ne savais pas alors si Mr. Straffee était mort ou vivant. Quand j'étais petite et que je le voyais, je pensais qu'il ressemblait aux morts, alors même qu'au moment où je pensais cela je n'avais encore jamais vu de morts. Je suis passée devant une maison qu'habitait autrefois ma marraine ; elle était couturière, elle avait été très gentille avec moi. Je ne sais pas ce qu'elle est devenue. Et je suis passée dans la rue où un Anglais, Mr. Moore, qui vendait à ma mère des tomates biftecks habitait. Cet homme avait aussi des vaches et un jour que j'allais voir ma marraine, elles rentraient du pré et je les avais vues venir vers moi et j'avais eu si peur de ces vaches que je m'étais jetée dans un fossé face contre terre pour attendre jusqu'à ce que je sois sûre qu'elles étaient passées. La chaussée a été élargie et le fossé n'est plus. Je suis passée devant l'endroit où l'hôtel Happy Acres était autrefois. Lui non plus n'est plus. Dans une rue qui partait de cet hôtel habitait une amie de notre famille, amie que mes frères ne doivent pas avoir connue parce que, à l'époque de leur naissance, ma mère ne parlait plus à cette personne. L'amie élevait des cochons, des pintades et des poulets et cultivait aussi un demi-hectare environ de coton. Au plus fort de leur amitié, ma mère avait acheté des parts d'une truie que cette amie à elle possédait et aussi, parce que c'était au plus fort de leur amitié, une année, on m'avait envoyée passer les vacances d'août chez elle. Cette région d'Antigua était considérée comme la campagne à l'époque et j'étais terrifiée par l'obscurité, elle était si peu atténuée par la lumière fût-ce même par celle des autres maisons ; et aussi de la maison que j'habitais, je pouvais voir le cimetière de la ville de Saint John's et j'avais l'impression que presque tous les jours j'y pouvais voir des gens assistant à un enterrement. Ce fut alors que je décidai que seuls les gens d'Antigua mouraient, que ceux qui habitaient ailleurs ne mouraient pas et que sitôt que je le pourrais je partirais pour un de ces endroits où les gens qui habitaient là ne mouraient pas. Au bout d'une minute environ de conduite, la voiture arriva à l'auberge où j'étais descendue et je suis allée dans ma chambre seule, mon isolement à moi.

Ma mère et moi nous étions presque querellées à ce propos, mon refus de m'installer dans sa maison avec elle. Elle le dit à une amie à elle, une femme de mon âge, sachant que cette amie me le répéterait. J'aurais pu dire à ma mère : Toi et moi ne nous entendons pas, je vais trop bien, je ne suis pas un enfant malade, tu ne peux pas être une mère pour un enfant bien portant, tu es une personne remarquable mais tu es une très mauvaise mère pour un enfant qui n'est ni mourant ni en prison ; mais je ne lui ai pas dit ça. Voilà quelques années, quand elle était venue me voir dans le Vermont, nous avions eu une énorme querelle et je lui avais alors demandé si elle pouvait dire qu'elle regrettait le moins du monde une part des souffrances que je crois qu'elle m'a causées, volontairement ou pas. Et elle a dit alors : Je n'ai jamais tort, je n'ai aucune raison de m'excuser de rien, tout ce que j'ai fait au moment où je l'ai fait, je l'ai fait pour une bonne raison. Aujourd'hui encore, des années plus tard, cela me surprend toujours, parce que je passe une bonne partie de la journée à genoux, à demander pardon à mes propres enfants. À cette époque où ma mère était venue me voir et où nous avions eu cette énorme querelle, elle dit à une amie à moi, une femme qu'elle me savait toute dévouée, que la raison pour laquelle je ne l'aimais pas était que, quand j'étais fillette, elle avait été très stricte avec moi et que si elle ne l'avait pas été j'aurais fini avec dix enfants de dix hommes différents. Cela demeure un mystère pour moi que ma mère puisse penser que je ne serais pas reconnaissante à une personne qui m'aurait épargné un tel sort. Pour illustrer à quel point elle avait été stricte avec moi, elle dit à mon amie que j'adorais les livres et que j'adorais la lecture et qu'il y avait un garçon qui venait pour me voir et qui, pour cacher ses véritables intentions, quand il la voyait, lui disait qu'il était venu m'emprunter des livres ; elle en avait eu assez d'entendre ce prétexte à sa venue pour me voir et un jour lui avait dit de ne plus venir chez elle parce que ce n'était pas une bibliothèque. Mon amie ne m'a dit tout cela que pour me dire que ma mère a le sentiment de m'aimer beaucoup. Mais après le départ de ma mère, j'ai été malade pendant trois mois. J'ai fait quelque chose d'assez proche d'une dépression nerveuse, j'ai souffert d'angoisse et j'ai dû prendre des médicaments pour la traiter. J'ai eu la varicelle, qui est une maladie infantile et une maladie que j'avais déjà eue quand j'étais enfant. Pas très longtemps après son départ, j'ai dû voir un psychiatre.

Mon frère, qui était couché à l'hôpital, mourant, souffrant du virus qui cause le sida, dit au frère qui est de deux ans son aîné, le frère dont je suis l'aînée de onze ans, qu'il n'avait rien fait qui vaille de sa vie (« En'pa jamé réissi ayen en'vi en'moi »). Il dit à ma mère qu'il regrettait de ne pas l'avoir écoutée quand elle lui disait tout le temps de ne pas se conduire comme il l'avait fait, de ne pas mener sa vie avec une telle insouciance, de ne pas vivre avec une telle absence de précautions, qu'il avait été trop négligent. Il regrettait maintenant qu'il était couché à mourir de ne pas l'avoir écoutée et d'avoir pensé que toutes les choses qu'elle disait elle les avait dites seulement parce qu'elle était une vieille dame. Il me dit qu'il ne pouvait pas croire qu'il avait le sida (« Moi pa ka croué moi trapé cochonnerie la ça »), seulement il ne pouvait pas prononcer les mots sida ni VIH. Pour parler de sa maladie il disait cette cochonnerie (« cochonnerie la ça »).

Après avoir vu mon frère cette première fois et avoir gagné l'endroit où j'étais descendue, endroit qui n'était pas la maison de ma mère, je suis allée trouver la directrice pour lui dire : « J'ai besoin de boire un verre. » J'ai entendu des gens dire ces mots-là : « J'ai besoin de boire un verre », mais je pensais que c'était une formule toute faite, je n'avais jamais eu besoin de boire un verre ni d'un quelconque autre moyen de modifier mon humeur jusque-là ; j'ai pris des substances qui altèrent l'humeur bien des fois, mais je n'avais jamais eu le sentiment d'en avoir besoin. J'ai bu cinq rhum-Coca. Je n'aime pas le goût du rhum, en fait, et je n'aime pas le goût du Coca, en fait, mais j'ai bu cinq rhum-Coca tout de même et j'aurais pu en boire plus de cinq mais je ne l'ai pas fait. La directrice, femme très gentille, s'assit près de moi et nous engageâmes une conversation ; je lui dis que mon frère était malade et à l'hôpital et, quand elle me demanda la cause de sa maladie, je lui dis qu'il avait le sida. Cette maladie, à Antigua, produit chez les gens tous les préjugés qu'elle produit ailleurs et donc, comme dans bien d'autres endroits, les gens qui en sont affligés et leur famille ont honte de faire connaître leurs souffrances. Ce fut pour la paix de mon propre esprit que je le dis, je voulais que cela soit réel pour moi, que mon frère souffrait et mourait du sida ; c'était nouveau pour moi d'entendre qu'il était malade et mourant, aussi, à chaque occasion qui s'offrait à moi, je disais à haute et intelligible voix : « Mon frère est malade du sida, il meurt du sida. » Mais l'annonce que j'en fis à cette femme déboucha sur quelque chose. Elle me parla d'un médecin d'Antigua qui dit-elle était toujours à la radio ou à la télévision pour parler du danger du sida, comment on pouvait l'attraper et comment éviter de l'attraper. Il était considéré comme la principale autorité d'Antigua au regard de cette maladie (alors qu'en fait il était le seul médecin d'Antigua à s'occuper publiquement de cette maladie). Elle dit qu'il s'appelait le Dr Ramsey.

Le lendemain, je l'ai cherché dans l'annuaire du téléphone et je l'ai appelé.

La raison pour laquelle mon frère mourait du sida quand je l'ai vu est qu'à Antigua, quand la présence du virus VIH est diagnostiquée, on est considéré comme mourant, les drogues qui servent à ralentir les progrès du virus n'y sont pas disponibles ; l'intérêt du public, l'obsession pour le traitement et les soins des membres de la communauté de ceux qui souffrent du sida par des groupes de la communauté plus vaste qui ne souffre pas du sida n'existent pas. Il n'y a que les gens qui souffrent du sida, et puis les gens qui ne souffrent pas du sida. Le sentiment général, me dit-on, est que, puisqu'il n'existe pas de remède capable de guérir le sida, il est inutile de dépenser de l'argent pour un médicament qui ne fait que ralentir les progrès de la maladie ; ceux qui en sont atteints mourront quoi qu'il arrive, les ressources disponibles pour les dépenses de santé sont limitées et mieux vaut les consacrer à ce qui fera du bien plutôt qu'à un domaine où l'on sait que le résultat sera la mort. C'était la raison pour laquelle il n'y avait pas d'AZT à l'hôpital ; mais même si un médecin avait voulu prescrire de l'AZT à un patient, cette ordonnance n'aurait pu être exécutée par un pharmacien, il n'y avait pas d'AZT dans l'île. Il était trop coûteux pour être stocké. La plupart des gens souffrant de la maladie n'auraient pas les moyens d'acheter ce médicament, la plupart des gens souffrant de la maladie sont pauvres ou jeunes, guère éloignés d'être des enfants ; dans une société comme celle dont je suis originaire, être un enfant est l'une des définitions de la vulnérabilité et de l'impuissance.

Quand j'ai appelé le Dr Ramsey je lui ai demandé s'il voulait bien me retrouver à l'hôpital pour examiner mon frère et nous donner à nous, les membres de sa famille, un avis médical quant à ce que nous pouvions faire, ce que nous ne pouvions pas faire, ce à quoi nous pouvions nous attendre et, peut-être, quand nous pouvions nous y attendre. Il accepta de me rencontrer et, à l'heure à laquelle il avait dit qu'il serait là, il était là. Je mentionne seulement ce fait parce que à Antigua les gens ne sont jamais là à l'heure à laquelle ils ont dit qu'ils seraient là ; ils ne font jamais ce qu'ils disent qu'ils feront. Il était ce que j'avais depuis longtemps cru impossible de trouver chez un habitant d'Antigua investi d'une quelconque autorité : il était bon, il était plein d'amour envers les gens qui avaient besoin de lui, des gens qui avaient moins de pouvoir que lui ; il était respectueux. Il a salué mon frère comme s'ils étaient de vieux amis ; il lui a parlé de cricket, de calypso et d'un voyage qu'il avait fait à Trinité pour y célébrer le carnaval. Il a examiné mon frère avec ses mains nues, il lui a palpé le cou, il a écouté sa respiration avec un stéthoscope, il a regardé dans la bouche de mon frère, sa gorge, et il m'a fait voir le gros ulcère qui était près de ses amygdales. Quand il a eu fini, il s'est assis et a encore parlé avec mon frère ; il lui a parlé dans l'anglais local ; je ne comprenais pas ce qu'ils disaient, ils parlaient très vite. Je n'avais jamais vu mon frère si animé depuis que je l'avais vu là pour la première fois, couché à mourir. Il a même éclaté de rire à quelque chose qu'a dit le Dr Ramsey, quelque chose que je n'ai pas compris.

Par la suite le Dr Ramsey me dit que puisque mon frère n'avait pas encore de diarrhée, un des symptômes courants chez les sidéens des Caraïbes, il y avait une chance pour que l'AZT ralentisse les progrès de la maladie et permette à mon frère de vivre plus longtemps que nous ne l'avions pensé ; et que certainement il soulagerait quelques-unes de ses souffrances immédiates. Quand j'avais appris pour mon frère, j'avais demandé à ma mère les médicaments avec lesquels on le traitait et elle avait dit qu'on lui donnait quelque chose pour la pneumonie et quelque chose d'autre pour le muguet, des médicaments pour lesquels un médecin de l'hôpital lui avait fait une ordonnance pour qu'elle aille les acheter dans une pharmacie en ville. Les médicaments couramment utilisés dans le traitement des maladies liées au sida ne sont pas disponibles à l'hôpital, les gens qui ne sont pas infectés du virus qui cause le sida ne souffrent pas de muguet aigu, n'attrapent pas de terribles pneumonies, et les médicaments qui permettent de traiter ces affections ne sont donc pas disponibles à l'hôpital. Mais pourtant ceci : une nuit mon frère eut une terrible migraine et il lui fallut quelque chose pour calmer la douleur ; il n'y avait pas d'aspirine dans le service où il était et pas d'aspirine à la pharmacie. Une infirmière qui était de service en avait dans son sac pour son usage personnel et elle en donna deux comprimés à mon frère. Il y a des gens qui se plaignent qu'un hôpital, aux États-Unis, facture six dollars une dose de Tylenol ; ils voudront peut-être considérer cette façon de gérer un hôpital : apportez vos propres médicaments.

Quand ma mère me dit qu'on ne pouvait se procurer d'AZT à Antigua, j'ai téléphoné à une connaissance, une amie qui est médecin, et je lui ai demandé si elle voulait bien me faire une ordonnance d'un mois. Elle a dit oui aussitôt, et dit qu'elle m'en donnerait plus si c'était nécessaire. J'étais habituée à ce genre de gentillesse. Je ne savais même pas alors si un mois lui serait d'une quelconque utilité. Elle m'a prescrit un médicament plus puissant que celui qu'il prenait pour traiter sa pneumonie et un médicament plus puissant que celui qu'il prenait pour traiter son muguet ; quand je l'ai vu pour la première fois, le muguet lui rendait si difficile d'avaler quoi que ce soit qu'il fallait écraser les comprimés avant qu'il puisse les avaler.

Après avoir vu mon frère, le Dr Ramsey me dit qu'à une exception près il n'avait vu personne de plus de trente-deux ans atteint du sida. L'exception était un homme de soixante-six ans. Il dit qu'une année, en août, sur une période de deux semaines, sept personnes, jeunes, toutes de moins de trente-deux ans, étaient mortes de la maladie. Pour autant qu'il pût dire, les personnes qui étaient mortes ne se connaissaient pas. Il dit que les gens qui ne sont pas séropositifs renoncent trop vite avec ceux qui le sont mais qu'il essaye quant à lui de maintenir tout le monde en vie, parce qu'on ne sait jamais à quel moment un traitement pourra se présenter. Il dit cela – on ne sait jamais à quel moment un traitement pourra se présenter – et je n'aurais pu dire si, en cela, il exprimait la bêtise indigène d'Antigua ou sa foi en la science. Antigua est un lieu où la foi sape le concret. Il dit que mon frère n'avait pas l'air trop mal, qu'il avait vu des gens qui avaient l'air bien plus mal, il voulait évidemment dire par là qu'il avait vu des gens qui étaient au seuil de la mort et que, quand il les voyait, il était trop tard pour faire quoi que ce soit. Mais que pouvait-il faire, aurais-je voulu lui demander, quand il n'y avait pas de médicaments disponibles, quand les gens qui souffraient n'avaient pas une sœur qui vivait aux États-Unis et que cette sœur pouvait appeler un médecin qui acceptait de rédiger une ordonnance pour un traitement qui pouvait faire du bien, que se passait-il alors ? C'est un homme plein d'amour et l'autre raison que j'ai de le dire est que j'ai vu que partout où il allait, les gens, les gens ordinaires, se détournaient de leur chemin pour venir le saluer et lui demander comment il allait, mais pas parce qu'ils voulaient vraiment le savoir : c'était seulement pour entendre sa voix.

Je suis allée entendre le Dr Ramsey donner une conférence sur le sida et d'autres maladies sexuellement transmissibles à un groupe de douze personnes qui participaient à un atelier d'assistance aux victimes du VIH. Je n'avais jamais vu aucun de leurs visages jusque-là. Parmi eux, il y avait un homme et une femme d'Antigua dont la fille de trente ans était morte du sida. C'était leur fille unique. Ils avaient avec eux des photos d'elle qu'ils montrèrent aux autres participants de l'atelier. Ils participaient à cet atelier parce qu'ils espéraient être en mesure, si besoin était, d'apporter du réconfort à d'autres parents qui pourraient perdre un enfant à cause de cette maladie. C'était quelque chose de très nouveau pour moi. Des gens ordinaires d'Antigua qui exprimaient de la compassion et de l'amour les uns pour les autres à l'occasion d'un drame et d'une souffrance personnels, plutôt que le dédain, le rejet, ou quelque autre forme de cruauté. Le Dr Ramsey nous a expliqué ce qu'est le virus VIH, comment il se comporte dans le corps, comment se comporte un virus, et en quoi le virus VIH, un rétrovirus, diffère d'un virus normal, mais je ne me rappelle vraiment rien de tout cela parce qu'il a montré d'extraordinaires diapos de gens à différents stades de l'évolution de maladies sexuellement transmissibles. Les photos étaient effarantes. Il y avait des pénis qui ressemblaient à des cigarettes russes oubliées dans le four trop longtemps et dont on aurait mordu une bouchée, révélant un centre fourré de confiture. Il y avait des nymphes couvertes d'épaisses croûtes bleues, ou d'épaisses croûtes noires, ou de croûtes qui étaient irisées. Il y avait des seins dont il manquait de gros morceaux, mangés, non d'une seule et grande bouchée mais grignotés, comme par un animal qui y aurait pris un plaisir extrême, chaque petit morceau savouré avec la plus grande jouissance. Il y avait des photos de gens émaciés par la maladie, qui étaient très différents des gens émaciés par la famine ; ils n'avaient pas cet air desséché de la chair et du sang volatilisés, laissant une épave de peau et d'os ; ils ressemblaient aux restes d'un trou noir, à quelque chose qui avait autrefois brûlé d'un feu brillant puis s'était effondré sur lui-même. Ces images de souffrance et de mort étaient le résultat de l'activité sexuelle, et à la fin de la causerie du Dr Ramsey, j'avais le sentiment que je ne me livrerais plus jamais à la sexualité, fût-ce toute seule. Ce sentiment que j'avais du plaisir englouti par la peur et la mort n'était pas nouveau, je me suis rappelé qu'enfant, quand je vivais à la Dominique dans la famille de ma mère, je levais les yeux vers le ciel noir où brillait une pleine lune radieuse et vers les grandes montagnes dont la silhouette se découpait dans le lointain sur le mystère (pour moi, une petite fille) de l'horizon et je trouvais que c'était la chose la plus belle, la plus merveilleuse du monde mais qu'après je voyais une lumière se déplacer dans les montagnes et je savais que c'était une « djablessé » et je rentrais en courant jusqu'à mon lit dont je tirais les draps par-dessus ma tête. Et couchée dans mon lit les draps par-dessus la tête, j'étais gagnée par la peur de m'endormir avec les draps par-dessus la tête parce que je risquais d'étouffer et de mourir.

Quelqu'un me dit que voilà bien des années le Dr Ramsey avait mené une campagne pour faire prendre conscience aux femmes d'Antigua des méthodes du contrôle des naissances et que ç'avait été un succès, parce que avais-je remarqué que les femmes en âge de porter des enfants n'étaient plus toutes enceintes désormais ? Il est vrai que les femmes en âge de porter des enfants ne sont plus toutes enceintes mais je ne l'avais pas remarqué ; pour moi, il va de soi que les femmes en âge de porter des enfants n'en ont pas si elles ne le souhaitent pas. Le Dr Ramsey me dit que lorsqu'il avait commencé à parler aux gens d'Antigua des maladies sexuellement transmissibles, et en particulier du sida, les hommes disaient qu'il mentait, qu'il était inutilement alarmiste, et, en manière de plaisanterie, qu'il obéissait à un mobile caché (« Ramsey pa moun en'moi ; ça i vlé cé gadé tout'sé chères la pou'i »). Il me raconta qu'un soir il avait fait une causerie devant des jeunes gens sur le sida et d'autres maladies sexuellement transmissibles. Après la causerie, deux jeunes hommes lui avaient demandé de les ramener en voiture et en arrivant dans un certain quartier de la ville, un quartier qu'habitent les prostituées, ils lui avaient demandé de les déposer. Le Dr Ramsey leur demanda s'ils avaient des préservatifs et ils dirent que non. Il leur demanda s'ils n'avaient pas écouté un mot de ce qu'il venait de leur dire et ils répondirent que si mais qu'ils préféraient mourir que de cesser de fréquenter les femmes café au lait (« pluto ki moi pa allé voué sé chabines la, moi préféré mo' »). Les prostituées d'Antigua sont originaires de Saint-Domingue. La plupart sont des négresses au teint clair. À cause de ce teint les hommes d'Antigua les appellent les femmes café au lait. On pense qu'une majorité d'entre elles sont séropositives.

Je ne savais pas comment mon frère avait contracté le virus VIH. J'aurais aimé le savoir parce que cela m'aurait dit quelque chose de lui. J'étais presque sûre que ce n'était pas par l'usage de drogues en intraveineuse, parce qu'il n'y en avait aucun indice sur son corps d'après ce que je pouvais voir ; et aussi parce qu'une telle chose, se percer avec une aiguille, se faire du mal, ne semblait pas conforme à sa personnalité, l'usage des drogues en intraveineuse comporte celui des aiguilles hypodermiques et les aiguilles hypodermiques sont associées avec la maladie et la mort. Dans un endroit comme Antigua, je suis portée à croire que l'usage des drogues n'a pas pour but d'atténuer la souffrance d'une existence inutile mais plutôt de procurer et de prolonger le plaisir. Je ne le sais pas avec certitude, je m'en doute simplement. Je me doutais qu'il avait attrapé le virus par la sexualité et je supposais qu'il s'agissait d'hétérosexualité. Ce n'était qu'une supposition, je ne le savais pas avec certitude. S'il avait eu des pratiques homosexuelles, il ne s'en serait pas vanté. Les gens d'Antigua ne sont pas particulièrement homophobes mais ils ont vite fait de décrier tous ceux et tout ce qui diffèrent de ce qu'ils considèrent comme normal. Or ils se considèrent eux-mêmes et les choses qu'ils font comme normaux : cela comporte qu'un homme et une femme fassent l'amour ensemble. Je voulais savoir ces choses à propos de mon frère non seulement parce qu'elles me diraient quelque chose de lui mais aussi, dans l'ensemble, j'aime savoir avec qui couchent les gens et je trouve la description de ces rapports sexuels particulièrement intéressante. Ma propre vie, du point de vue sexuel, peut être décrite comme un monument au classicisme le plus ennuyeux. Et c'est peut-être à cause de cela que j'éprouve un grand intérêt pour la vie personnelle des autres gens. J'avais envie qu'il me dise ce à quoi sa vie personnelle avait ressemblé. Il se refusait absolument à le faire. À Antigua, les gens sont à la fois prudes et licencieux. On chantera les louanges d'une jeune femme, disant qu'elle est une fille très bien, entendant par là qu'elle ne couche pas ; pourtant nulle jeune femme ne serait jamais mise au ban de la société pour avoir eu dix enfants de dix pères différents.

Il avait beaucoup d'amis, ils venaient sans cesse lui rendre visite chez lui avant qu'il soit malade, quand il allait bien, ne songeait pas un instant à la maladie. C'étaient de jeunes hommes comme lui, des rastafaris comme lui. Ils venaient chez lui et s'asseyaient sur son lit et fumaient de grosses cigarettes de marijuana. Ma mère se plaignait des visites de ces jeunes gens chez son fils mais ses récriminations ne les arrêtaient pas et elle n'allait pas plus loin que les mots. Ces garçons avaient des noms rastafaris, des noms qu'ils s'étaient donnés eux-mêmes, des noms très différents de ceux que leurs parents leur avaient donnés. Le nom rastafari de mon frère était le nom d'un prophète hébreu, dont les prophéties portaient sur la pestilence et la ruine. Mais quand il fut couché à l'hôpital, aucun de ses amis ne vint dans sa chambre lui rendre visite. Ils venaient le voir. Ils restaient sur le seuil de sa chambre et lui disaient quelque chose. Ils n'entraient jamais. Après l'avoir vu ils partaient et ne revenaient plus jamais. Ma mère disait qu'ils venaient voir si c'était vrai qu'il était séropositif, qu'il avait le sida. S'il avait été à leur place, il aurait peut-être fait la même chose. Nous ne sommes pas un peuple porté instinctivement à la compassion ; un cercle d'amis qui s'aiment et se soutiennent mutuellement n'est pas une chose dont j'ai gardé le souvenir depuis mon enfance. Une fille qu'il connaissait vint le voir à l'hôpital pendant que j'y étais avec lui. Je n'aurais pu dire si elle avait été une de ses maîtresses. Lui et moi étions assis dehors au soleil à ce moment-là. Il lui parla d'une manière très amicale, elle fut amicale mais pas trop, elle ne s'approcha jamais trop près de lui. Elle rentra pour aller voir quelqu'un d'autre. Quand elle ressortit pour partir, elle ne vint pas lui dire au revoir. Il l'appela. Elle lui fit un signe de la main sans se retourner. Il lui demanda si elle reviendrait le voir. Elle haussa les épaules très haut, dans un geste signifiant « je ne sais pas ». Elle ne se retourna pas une fois pour le regarder. Mais peu de temps après, alors que nous étions encore assis au soleil, il vit une femme qui portait un pantalon moulant qui soulignait les courbes de son pubis et, tout en regardant fixement et posément son aine, il lui dit quelques mots pour lui faire savoir qu'il aimerait coucher avec elle (« Ça té ké rentré en lai moi ». Il le dit exactement comme ça). Elle non plus ne voulut pas le regarder. Cela m'a fait songer à cette assurance qu'ont les hommes. Il était là, malade, mourant, aussi peu séduisant à voir qu'un cadavre mort depuis longtemps, et il pouvait encore tenter de convaincre une femme de coucher avec lui.

Un jour voilà des années – j'avais trente-six ans, il en avait vingt-trois – j'étais en visite dans ma famille, j'étais étendue sur le lit de mon frère dans sa petite maison, mes pieds reposant sur l'appui de la fenêtre et au soleil. J'avais accoutumé de faire exactement cela quand j'étais enfant : m'étendre sur le lit les pieds reposant sur l'appui de la fenêtre et au soleil, parce que j'avais toujours froid aux pieds, à l'époque. Je lisais, à l'époque, et ce tableau entier, moi étendue au lit à lire des livres, causait à ma mère des accès de colère car elle était sûre qu'il signifiait que j'étais condamnée à une vie de fainéantise, mais il s'est avéré en définitive que j'étais seulement condamnée à écrire des livres que d'autres gens liraient peut-être. À ce moment où j'étais étendue sur le lit de mon frère, il était assis sur le seuil de sa porte. D'ordinaire, il était étendu sur son lit. Il avait l'habitude de s'étendre sur son lit dans un état d'hébétude induit par la drogue. Sa mère ne l'aurait pas autorisé à faire cela s'il avait été une femme, je le sais. Les murs de sa maison étaient placardés de photos de magazines, d'Américains qui ont connu une très grande réussite dans le monde du sport ou du spectacle. Tous ces gens ont mon teint ou le sien. Ma fille aime chanter. Ce sont peut-être les photos aux murs de mon frère qui m'ont fait la décourager de chanter d'une façon qui risquerait de lui attirer l'attention du public. J'ai dit à son père : « Le monde a-t-il vraiment besoin d'une personne encore au teint plus ou moins foncé et qui chante ? » Ma fille adore les maths et elle est très bonne. Peut-être trouvera-t-elle une satisfaction à chanter pour elle-même tout en se penchant sur des chiffres qui expliqueront quelque petit mystère de l'univers. Il existe peut-être quelqu'un de la teinte de mon frère, ou de la teinte de ma fille, ou de ma propre teinte, qui s'est vu attribuer le prix Nobel de physique ou de chimie, mais si une telle personne existe, mon frère n'est pas au courant, ma fille est peut-être au courant, je ne suis pas au courant. Dans sa chambre à ce moment-là il y avait quelques volumes sur une table et une radiocassette. Les volumes étaient ses vieux manuels scolaires. L'un d'entre eux était une histoire des Antilles, encore que ce fût surtout une histoire des Antilles britanniques, et il ressemblait exactement au manuel dans lequel j'avais appris quand j'allais à l'école. Je le lisais, étendue sur son lit, et quand je me suis levée pour partir, il me l'a donné, il m'en a fait cadeau. J'ai encore ce livre, il est posé sur une étagère avec quelques autres livres que j'aime beaucoup.

Il doit avoir voulu être chanteur. Il avait un nom de scène, c'était Sugarman. Il avait sur cassette un enregistrement de lui et d'un ami chantant une chanson intitulée *Mr. Telephone Man*. C'était une chanson qui a eu du succès voilà pas trop longtemps chantée par un groupe appelé The Silvers ; ces gens, The Silvers, étaient tous parents, ce n'étaient pas seulement des amis. Lui et son ami chantaient cette chanson dans le style reggae. Il m'a donné un exemplaire de cette cassette de lui et de son ami chantant cette chanson. Je l'ai perdu dans un déménagement. Je le regrette seulement maintenant.

Le matin où je devais quitter mon frère après avoir passé une semaine avec lui, nous avons appris qu'il avait grossi d'une livre. C'était un lundi matin ; j'étais arrivée une semaine auparavant, le dimanche soir, et il avait l'air alors d'être sur le point de mourir : il maigrissait, il ne pouvait pas manger, sa température allait d'élevée à dangereusement élevée, de grands ulcères se développaient à la surface de sa gorge et descendaient jusqu'à son œsophage. Chacun pensait que c'était une question de jours, de semaines, mais que de toute manière il serait bientôt mort. Je lui avais apporté le médicament AZT, il le prit et son état commença effectivement à s'améliorer. Sa température était tombée, pas à la normale, mais en dessous de la normale, le Dr Ramsey dit que cela valait mieux que d'être trop élevée. Et puis à l'instant même où j'allais partir pour rentrer chez moi retrouver ma propre famille par un vol du petit matin, lui et les autres patients de son service (tous des hommes souffrant de diverses maladies, aucune d'entre elles liée au VIH, pour autant que je pouvais le dire, dans la mesure où ils n'étaient pas traités avec la désinvolture, la distance, que l'on manifestait à mon frère) furent alignés dans le corridor pour être pesés sur une balance antique mais apparemment précise. La balance marqua un gain d'une livre dans le poids de mon frère par rapport à la semaine précédente. Je me suis sentie heureuse, je me suis sentie contente de moi, je me suis même sentie fière de moi. J'y avais été pour quelque chose, dans ce gain d'une livre, et je savais ce que cela signifiait ; cela signifiait qu'il commençait à aller mieux, ou du moins qu'il allait mieux qu'il n'allait avant mon arrivée, quand chaque fois qu'il était monté sur la balance elle avait marqué une perte. L'infirmière qui nota cela sur sa pancarte, une sœur, grade d'infirmière qui continue d'exister seulement dans les endroits où l'influence britannique, avec son amour de la hiérarchie, s'exerce encore, tira la commissure de ses lèvres vers le bas au moment où elle le faisait. Cela doit être une expression universelle de déception, d'irritation et d'aigreur, mais je l'ai vue seulement chez les déçues, les irritées et les aigres parmi les femmes d'Antigua. On s'attendait à ce qu'il meure ; infecté du VIH et aussi malade qu'il l'était à l'époque, nul n'était sorti vivant du Holberton Hospital. Je lui ai dit au revoir, il pensait que je ne reviendrais pas le voir. J'ai dit que je reviendrais, et cela m'a traversé l'esprit et lui l'a dit à haute voix, oui, peut-être à son enterrement (« Ou ké vin téré moi »).

Je suis montée dans l'avion. En passant la douane à Porto Rico je me suis demandé ce qu'il faisait. Il était peut-être assis dehors au soleil, comme lui et moi l'avions fait pendant les quelques jours que j'avais passés là-bas. Il était peut-être capable de fixer son regard et d'accommoder, de se concentrer maintenant, il était peut-être capable de maîtriser le tremblement de ses mains et donc capable de lire la biographie de Viv Richards, le grand joueur de cricket d'Antigua, que je lui avais offerte. Alors que je passais la douane, je me suis rappelé une Britannique d'origine africaine que j'avais rencontrée dans un atelier qu'elle dirigeait pour les gens qui souhaitaient s'occuper des malades du sida, comme conseillers bénévoles. Quand elle avait découvert que j'habitais les États-Unis et que mon frère était couché à l'hôpital plus mort que vif parce que cela était dû à l'absence de traitement approprié, elle dit, comme s'il s'agissait de la suggestion la plus naturelle, la plus évidente du monde, que je devrais l'emmener aux États-Unis pour le faire soigner. J'en ai été ébahie, parce que je faisais de mon mieux, j'ai une famille, je ne suis pas riche, tous ceux qui entrent en contact avec cette maladie savent combien il est coûteux de la traiter convenablement, elle qui dirige des ateliers devait forcément le savoir, comment pouvait-elle dire ce qui lui passait par la tête sans s'enquérir de ma situation, sans se demander ce qu'introduire mon frère dans ma vie signifierait pour moi ? J'ai dit : Oh, je suis sûre qu'on ne le laisserait pas entrer, et je ne savais pas si ce que je disais était vrai, la politique de l'immigration quant au VIH ne m'était pas vraiment familière, mais ce que j'avais voulu dire en fait était : Non, je ne peux pas faire ce que vous suggérez – introduire cet inconnu, cette personne négligente, dans l'ordre durement gagné de ma vie : ma vie d'enfants et de mari, et qui m'aiment et qui m'aiment encore, et que j'aime. Et puis elle a dit : Ah oui, le racisme. Et j'ai pensé alors, avec plus d'amertume que je ne l'aurais fait dans d'autres circonstances, à la grande malchance de ceux qui ne peuvent rendre responsable le racisme du tour malheureux, désastreux que la vie prend parfois ; parce que la dureté de vivre, les revirements bizarres, le hasard, les occasions manquées, tout ce qui dépend de la seule grâce de Dieu est si impossible à accepter. Et ce doit être, d'une certaine manière, bien agréable, de pouvoir en rendre responsable ce mal qui n'est que trop réel, le racisme. Mais ce n'était pas le racisme qui avait fait que mon frère était couché à mourir d'une maladie incurable dans un hôpital du pays où il était né ; c'était un pur accident de la vie, c'était sa propre faute, l'absence de soin qu'il avait pris de lui-même, son incapacité à peser soigneusement et à accepter pour s'y adapter le ça va ça vient de la vie, le festin et la famine de la vie, les périodes intermédiaires, c'était le fait qu'il vivait en un lieu où le gouvernement, composé de gens de son propre teint, de sa propre race, était corrompu et ne se souciait pas que lui ou d'autres gens comme lui vivent ou meurent.

Je suis rentrée chez moi sans encombre et ma famille a été contente de me voir. J'ai téléphoné à ma mère. On était en plein hiver et le chaud soleil me manquait et mon frère me manquait, il me manquait d'être avec lui, d'être en présence de sa souffrance et du sentiment que quelque part en elle il y avait la possibilité d'une rédemption d'un genre ou d'un autre, mais quelle forme elle prendrait, je ne le savais pas et peu m'importait, il suffisait qu'une rédemption d'un genre ou d'un autre soit possible, étant donné que nous en émergerions tous meilleurs en quelque façon et que nous nous aimerions plus les uns les autres. Toujours l'amour nous fait nous sentir bien mieux que le non-amour et c'est pourquoi tout le monde toujours parle de l'amour et c'est pourquoi tout le monde toujours veut avoir l'amour : parce qu'il nous fait nous sentir beaucoup mieux, tellement mieux. Mon frère me manquait parfois quand je conduisais mes enfants au car scolaire, parfois quand la neige tombait ; je parlais de lui, de sa vie, à mon mari, je parlais de lui à des gens que je connaissais bien et à des gens que je ne connaissais pas très bien. Mais je ne pensais pas l'aimer ; à ce moment-là, quand je n'étais plus en sa présence, je ne pensais pas l'aimer. Ce qui pouvait bien me faire parler de lui, ce qui pouvait bien me faire penser à lui n'était pas l'amour, mais bien quelque chose d'autre, pas l'amour ; l'amour étant ce que j'éprouvais pour ma famille, celle que j'ai maintenant, mais pas pour lui, ni pour les gens dont je suis issue, pas l'amour, mais un sentiment puissant tout de même, seulement pas l'amour. Ma parole était pleine de douleur, elle était pleine de détresse, elle était pleine de colère, il n'y entrait pas de paix, il y entrait beaucoup de chagrin, mais il n'y entrait pas de paix. Comment me sentais-je ? Je ne savais pas comment je me sentais. J'étais une combustion de sentiments.

Mon frère allait de mieux en mieux ; l'AZT a dû produire son effet, il a forci, ses poumons encombrés se sont dégagés, les plaies de sa gorge ont commencé à disparaître. Un jour, toujours à l'hôpital, il a refusé la nourriture qu'on lui servait et la nourriture que ma mère lui avait apportée et a demandé une portion de Kentucky Fried Chicken, c'était ce qu'il avait le plus envie de manger à ce moment-là. Un restaurant de cette enseigne existe à Antigua et c'est un endroit à la mode, il est de bon ton d'avoir les moyens d'y acheter un repas et de consommer un repas acheté là. Le Dr Ramsey, qui était venu le voir, était présent quand cette envie l'avait possédé et il a donc conduit ma mère en voiture jusqu'au restaurant où elle lui a acheté un repas de poulet frit et elle a pris un taxi pour revenir à l'hôpital le lui donner. Il a tout mangé et ma mère était très contente parce qu'elle ne l'avait pas vu manger de si bon cœur depuis des mois. Elle m'a rapporté cela avec autant d'enthousiasme et de satisfaction que si elle venait de le voir accomplir avec succès un tour de force qu'aucun être humain n'avait jamais accompli avec succès jusque-là. Dans les jours qui ont suivi, il est allé de mieux en mieux, il mangeait plus, sa température était un peu inférieure à la normale, mais elle restait la même, elle ne montait pas et elle ne montait pas par fortes poussées. Et alors tout le monde a commencé à se demander ce qu'on allait faire de lui, combien de temps fallait-il qu'il reste à l'hôpital, fallait-il même qu'il reste à l'hôpital ? Nul n'avait jamais vu une personne infectée par le VIH, atteinte en fait d'un sida déclaré, quitter l'hôpital dans cet état – vivante, et même bien portante, bien portante si l'on ne savait pas ce à quoi sa vie ressemblait vraiment, vraiment. Dès lors, il s'asseyait dehors en compagnie des autres patients ; ils avaient cessé de l'éviter, parce qu'il n'avait pas l'air d'une personne atteinte du sida, il avait tout simplement l'air d'un malade ordinaire, un malade ordinaire c'était quelque chose qu'ils connaissaient, un malade du sida, non. Il leur ressemblait, malade n'ayant d'autre choix que d'aller dans un hôpital mal équipé d'Antigua. Pendant qu'il était à l'hôpital, un autre homme fut admis, très malade du sida, aussi malade que mon frère l'avait été. L'homme mourut. Ses parents ne venaient pas le voir. Je ne sais pas si mon frère lui a rendu visite pour lui prodiguer des paroles de réconfort, mon frère à ce moment-là allait assez bien pour rentrer chez lui. Mais où ? Il n'avait pas vraiment de chez-lui. Il rentrerait vivre avec ma mère, et c'était merveilleux, qu'il puisse vivre avec sa mère et qu'elle prenne soin de lui, mais c'est devenu encore un exemple de l'extraordinaire aptitude de son amour pour ses enfants à devenir une arme destinée à leur destruction.

Ma mère vit avec ses enfants du sexe masculin, qui ont maintenant passé la trentaine, ou plutôt, les enfants de sexe masculin de ma mère, qui ont maintenant passé la trentaine, vivent avec elle. La distinction est importante. Jamais ma mère ne se subordonnerait de quelque façon que ce soit à qui que ce soit, surtout pas à ses enfants. Jamais elle ne vivrait avec qui que ce soit ; ce sont les autres qui vivraient avec elle ; si elle vivait avec qui que ce soit, on pourrait lui demander de partir, on pourrait la jeter dehors après qu'elle aurait lancé l'une de ses fameuses dégelées verbales. Elle protège le droit qu'elle se réserve d'humilier en paroles ses enfants. Quel grand mal peut-il bien y avoir à cela ? Elle et les hommes adultes, ses enfants, qui vivent avec elle se querellent tout le temps. À tout moment, il y a une petite guerre de paroles entre elle et l'un d'entre eux. Le cadet de ses enfants adultes ne lui parle plus ; voilà des années qu'il ne lui a parlé ne serait-ce que du ton de voix qu'il utiliserait pour indiquer son chemin à quelqu'un qu'il viendrait de rencontrer dans la rue, quelqu'un qu'il n'a encore jamais vu. S'il est contraint de lui parler, sa voix est pleine de haine et de désespoir. Il m'a dit qu'il ne reconnaît pas le son de sa propre voix quand il lui parle. Il m'appelle au téléphone pour me dire qu'il regrette de ne jamais avoir compati avec moi quand je lui disais combien elle avait été épouvantable avec moi. Il me dit : Maman est mauvaise, tu sais, comme s'il ne me l'avait jamais dit auparavant, mais il me le dit chaque fois que nous parlons, comme si c'était une nouvelle découverte pour lui.

Après avoir été renvoyé de l'hôpital, mon frère retourna dans la maison de ma mère pour dormir dans son lit avec elle. Il n'avait nulle part où aller, pas même un lit à lui, et il alla donc dans la maison de sa mère et dormit dans son lit avec elle. Il n'y avait pas de mal à ça. Il fut décidé que le fils rentrant de l'hôpital s'installerait dans son lit parce que son ancienne maison, qui était derrière celle de sa mère, était trop pleine de courants d'air. Je ne pus comprendre cela parce que quel genre de courant d'air existe-t-il en un lieu où il fait chaud tout le temps ? Il y avait une autre raison pour qu'il aille vivre avec elle. L'aîné de ses trois fils avait habité dans l'autre cabane derrière chez elle et sa demeure était en fait des morceaux de tôle ondulée cloués les uns aux autres avec une unique ouverture, qui était la porte. La construction que mon frère malade avait habitée ressemblait à une vraie maison, elle avait trois fenêtres et les fenêtres avaient des volets en bon état, elle avait une porte qu'on pouvait fermer au verrou. Quand mon frère était allé à l'hôpital parce qu'il était si malade, celui qui habitait la maison de tôle ondulée avait aussitôt emménagé dans la maison du garçon malade et ma mère ne pouvait ni ne voulait lui dire de réintégrer son ancienne construction.

Ces deux frères ne s'entendaient pas ; on me dit cela, qu'ils ne s'entendaient pas, comme si c'était une exception, comme si d'ordinaire les gens de cette famille s'entendaient, excepté ces deux-là. Ce fut ma mère qui me dit qu'ils ne s'entendaient pas et elle me donna un exemple de leur désaccord. Le frère qui vit dans la chambre de vieille tôle ondulée est électricien et a beaucoup d'outils de valeur qu'il gardait dans sa chambre ; quand mon frère malade se droguait, au plus fort de sa dépendance, il allait dans la chambre de son frère prendre des outils qu'il vendait ensuite. Mon frère l'électricien, après avoir averti son frère de ne pas le voler, installa un fil électrifié tout autour de sa chambre et ne le dit à personne. Un chiot offert en cadeau de départ à mon amie qui allait s'installer à Saint-Vincent se jeta contre le fil de fer et fut électrocuté. Ma mère se dit sûre que le frère n'avait pas voulu tuer son frère, qu'il n'aurait jamais utilisé de fil assez fortement électrifié pour le faire.

Tel était le foyer vers lequel mon frère était renvoyé. Il rentra chez sa mère. Il avait encore repris du poids. Sa température était normale, il avait un énorme appétit. Les infections de sa gorge, de ses poumons, le muguet, tout cela avait disparu. Il prenait seulement ses doses quotidiennes d'AZT et un remontant puissant, polyvitaminé, que le Dr Ramsey lui avait prescrit. Nous nous parlions au téléphone, parfois il m'appelait, le plus souvent je l'appelais, presque chaque jour. On aurait dit qu'il n'avait plus sa voix d'autrefois, sa voix ressemblait à celle de quelqu'un qui vient d'inhaler une quantité d'hélium, elle n'était pas dans son registre normal. Il me parlait avec un prétendu accent anglais, moquant la façon dont j'en suis venue à parler, j'imagine, mais sans malice, je crois, et même si c'était avec malice, je ne crois pas que cela m'aurait dérangée, après tout, ce n'est pas une malice bien grave. Il disait : Comment vas-tu, ma très chère, et comment vont les choses à la maison ? De sa propre voix il me disait qu'il se sentait de taille à affronter le monde entier, qu'il se sentait mieux qu'il ne s'était jamais senti, que la vie semblait merveilleuse, qu'il allait tout changer, combien il regrettait d'avoir laissé les choses aller de cette façon, qu'il avait gaspillé sa vie, qu'il allait chercher un travail sitôt qu'il en serait capable, que le médecin avait dit que pour le moment il devait se reposer et prendre encore un peu de poids, mais que, dès qu'il pourrait avoir un travail, il voulait s'installer et fonder une famille. Il disait cela sans cesse, il voulait avoir une famille à lui et, dès qu'il le pourrait, il s'y mettrait. Il me parla d'un lopin qui était nu, disponible, à vendre ; il allait l'acheter et y construire une maison et y élever une famille. Peut-être était-ce un signal d'un genre ou d'un autre, il essayait de me dire quelque chose, je ne sais pas ; de toute manière, pourquoi lui aurais-je dit au moment même où il semblait si plein de promesses, si plein de bonheur, qu'une famille du genre qu'il désirait, une femme qui aurait porté ses enfants à lui, ne serait jamais possible ? Il me manquait. Le voir souffrir me manquait. Il me manquait d'être navrée de le voir dans sa souffrance, il me manquait de le voir au milieu de quelque chose de grand et d'espérer qu'il en émergerait changé en mieux. Je ne l'aimais pas. Ce que j'éprouvais était peut-être de l'amour, mais n'empêche, même maintenant, je ne l'appellerais pas ainsi.

Son médecin, le Dr Ramsey, appela pour me demander si je pensais qu'il allait bien, si je savais quoi que ce soit de la vie qu'il menait maintenant, s'il revoyait ses anciens amis ; et c'était parce que, lors d'une de ses visites de contrôle, il avait demandé à l'une des infirmières du Dr Ramsey de sortir avec lui, et quand elle avait parlé de sa maladie, il avait nié être atteint du virus qui cause le sida, puis quand il avait su que le Dr Ramsey était au courant de sa conduite, il avait demandé à repasser le test du virus VIH parce qu'il disait qu'il ne croyait pas être séropositif. Le Dr Ramsey pensait, d'après le son de sa voix, qu'il avait peut-être recommencé à se droguer. Je dis au docteur que je croyais que le son de sa voix lui venait d'être si content d'être vivant. Je le croyais à ce moment-là, je le crois maintenant. J'ai dit : Il est si content d'être en vie, sa voix a le son naturel de quelqu'un qui est content d'être en vie. Mais comment le savais-je ? Ce n'était pas par expérience personnelle. C'était pure conjecture de ma part. Si j'avais été presque morte, si je m'étais attendue à ma mort, puis que j'avais découvert que j'étais en vie, je crois que ma voix serait pleine du son d'une joyeuse incrédulité. Je l'imaginais assis sur la petite véranda devant chez ma mère, à regarder la chaleur du soleil relâcher son emprise sur la terre et sur les gens, la mince feuille de papier blanc des nuages passer à la dérive, dans un sens, rarement pour revenir en sens inverse épaisse et noire de pluie ; le bruit, peu naturel dans une petite île, des avertisseurs signalant un embarras de la circulation, l'impatience des gens pressés d'arriver à des destinations dont ils ne sont jamais à beaucoup plus de deux pas. Chaque fois que des gens quelconques passaient, il fallait qu'il leur lance quelque salutation, que ces gens lui soient familiers ou non. Il n'aurait pas pu supporter le vide du silence, que quelqu'un passe sans s'aviser de son existence, que quelqu'un passe sans vouloir s'aviser de son existence. Il n'était pas fait pour garder le silence. C'était un garçon brillant, c'était un homme brillant. Enfermé à l'intérieur de lui, il y avait quelqu'un qui aurait parlé au monde d'une manière importante. Je crois cela. Enfermé à l'intérieur de lui, il y avait quelqu'un qui se serait satisfait de parler au monde d'une manière importante, et ce quelqu'un n'aurait pas eu besoin de saluer chacun des passants, ce quelqu'un n'aurait pas eu de temps à perdre avec chacun des passants, ce quelqu'un aurait éprouvé le sentiment qu'il n'y a pas assez de silence dans le monde.

Mais il n'avait pas ne serait-ce que la plus petite conscience de l'existence d'une telle personne à l'intérieur de lui. C'est moi qui lui avais dit cela et il était d'accord avec moi au moment où je lui avais dit cela, et il avait dit oui, et j'avais vu qu'il souhaitait que ce que j'avais dit soit vrai pour de bon, que cela devienne vrai voilà, qu'il souhaitait pouvoir, qu'il souhaitait savoir comment s'efforcer de le rendre vrai. Il ne pouvait pas. Dans ses rêves éveillés, il devenait un chanteur célèbre, et les femmes ôtaient leurs vêtements quand elles l'entendaient chanter.

Lui et ma mère m'ont appelée tous les deux pour me dire qu'il n'avait plus d'AZT. J'ai été prise de panique parce que je croyais qu'une seule journée sans traitement suffirait peut-être à causer une rechute. Si seulement ils m'avaient dit qu'il lui en faudrait plus avant qu'il lui en faille plus. Pourquoi n'y avais-je pas pensé ? J'ai appelé le médecin d'ici qui m'avait donné l'ordonnance la première fois, le médecin a appelé la pharmacie. C'était un vendredi après-midi, la pharmacie n'avait plus d'AZT et n'en recevrait pas avant le lundi matin. Il m'est soudain venu à l'esprit qu'il y avait peut-être une certaine quantité de gens qui avaient besoin de ce remède dans ma petite ville. Je ne savais pas qui ils étaient. Si je voulais le savoir c'était seulement parce que désormais je me sentais en quelque sorte liée à eux. Ce lundi j'ai eu l'AZT, je l'ai envoyé à mon frère par un service de transport express, il l'a reçu, il a recommencé à le prendre ; quelques jours sans AZT dans son organisme n'avaient apparemment rien changé à son bien-être physique. Il a continué à reprendre des forces, il a continué à se remettre.

Cela faisait six semaines que j'avais vu mon frère, six semaines depuis le matin où je l'avais laissé à l'hôpital, peu après qu'il avait été pesé et que la balance avait marqué un gain d'une livre par rapport à la semaine précédente. J'étais rentrée chez moi dans ma famille, dans l'hiver qui, comme il se doit, devient le printemps. Je voulais aller le revoir et je m'apprêtais à le faire quand dans une conversation avec mon fils j'ai mentionné ma mère. J'ai dit : Ma mère… Mais avant que j'aie pu aller plus loin, mon fils a dit : Ta mère, je ne savais même pas que tu avais une mère. Il savait très bien que j'avais une mère, il l'avait même rencontrée. La fois où elle était venue me rendre visite et que j'avais eu une dépression nerveuse après son départ, il avait deux ans. Peut-être était-il trop jeune pour se rappeler qu'il ne l'aimait pas, pour la seule raison qu'il n'aimait personne pour qui j'éprouvais des sentiments puissants ; peut-être avait-il l'impression que tout sentiment puissant éprouvé pour quelqu'un d'autre signifiait moins de sentiment puissant pour lui. La façon dont il le dit, cependant, éveilla mon attention sur quelque chose. Il n'avait pas su ou imaginé que moi, sa propre mère, je pouvais avoir dans ma vie quelqu'un pour qui j'éprouvais la même chose que ce qu'il éprouvait pour moi. Quand il me regarde, il ne voit pas une personne, il voit le ciel obstrué, l'horizon, aussi ; il n'y a pas d'avant J.-C. ou d'après J.-C., il n'y a pas de présent ou d'avenir, il n'y a pas de temps du tout ; il voit ses besoins assouvis, ses besoins inassouvis, il voit la satisfaction et les déceptions, je suis pour lui une source de plaisir et de douleur, il souhaitera ma mort bien des fois, et quand je finirai par mourir effectivement, un grand vide qui ne pourra jamais être comblé sera avec lui pendant le reste de sa propre vie ; il m'aime maintenant, et il me hait maintenant, aussi, bien que cette dernière chose il ne la comprenne pas encore entièrement. Cet état de contradiction profonde, m'aimer et me haïr, est ce qui sera le restant de sa vie, si je suis une bonne mère pour lui. C'est le mieux que cela puisse être. S'il m'arrivait de trahir sa confiance – et ce n'est pas du tout exclu, le principal exemple dont je dispose n'est pas bon –, il connaîtra quelque chose d'à jamais amer et atroce ; je sais cela, le goût de cette atrocité, de cette amertume, est dans ma bouche chaque jour.

Estimant, alors, que mon fils, mes enfants avaient besoin de me voir aussi vulnérable en face de quelqu'un qu'ils le sont en face de moi, je les ai emmenés avec moi lors du voyage suivant que j'ai fait pour voir mon frère, ce qui signifiait être en compagnie de ma mère. Ils l'ont adorée ; mes enfants ont adoré ma mère, en particulier ma fille. Ma fille lui demandait de venir manger avec nous, de venir se baigner avec nous, de venir dormir avec nous. Elle voulait voir sa grand-mère tout le temps. Mon fils éprouvait les mêmes sentiments, sinon qu'il se plaignait de ne pas aimer la façon qu'avait ma mère de lui pincer la joue quand elle lui demandait s'il était vraiment son petit bonhomme de petit-fils. Ils mangeaient tout ce qu'elle préparait pour eux. J'avais l'habitude de lui dire : Ils n'ont pas d'appétit, ils ne mangent jamais rien, et elle disait qu'ils avaient mangé tout ce qu'elle avait mis dans leur assiette. C'était vrai. J'étais ébahie de la quantité de nourriture qu'ils mangeaient quand ma mère leur faisait la cuisine. Ma mère, regardant mes enfants, me disait qu'ils l'aimaient (« Yo aimé moi, yo aimé moi un lo, ou sav ») et il y avait quelque chose de bizarre là-dedans, comme si avec le temps ils allaient en venir à l'aimer plus qu'ils ne m'aimaient, et il y entrait un aspect de fanfaronnade, comme pour dire que tout le monde finit par l'aimer, comme pour dire que quiconque m'aime l'aimera, seulement davantage. Je lui dis seulement que cela était vrai, qu'ils l'aimaient ; je ne lui dis pas qu'aimer beaucoup sa grand-mère n'est pas inattendu, que c'était quelque chose de commun, comme de se tenir en plein air où que ce soit dans le monde et, levant les yeux, de voir le ciel. Mon frère quand il vit mes enfants demanda si je les avais amenés le voir avant qu'il meure (« Ou menné yo voué moi avan en'mo' »). Il le dit sèchement, il le dit sans détour, en fait il me regarda dans les yeux. J'ai pensé qu'il se mettrait peut-être à rire, j'ai pensé qu'il se mettrait peut-être à pleurer. Je n'ai pas répondu. Je n'ai pas dit que cela ne m'avait pas traversé l'esprit.

Mon frère avait l'air d'aller bien, très très bien. Il dit qu'il se sentait bien, très très bien. J'ai songé : Il est peut-être mourant mais il ne meurt pas aussi rapidement qu'avant ; je pourrais mourir beaucoup plus vite que lui ; je pourrais traverser la rue et me faire écraser par une voiture, il pourrait nous survivre à tous, tout est possible. J'ai voulu alors appeler certains de ceux qui avaient été bons pour lui et l'avaient aidé quand il était malade. J'ai appelé un homme qui venait à la maison afin de conduire ma mère en voiture jusqu'à l'hôpital pour sa seconde visite quotidienne tous les jours. C'était d'une extrême gentillesse, c'était le moment où le soleil était le plus chaud ; j'ai remercié d'autres gens. J'ai appelé une femme, assistante sociale, qui conseillait les familles dont un membre était séropositif. Quand mon frère était tombé malade, au début, quelqu'un m'avait dit de la contacter. Quand mon frère la vit pour la première fois, il nia être séropositif. Ce ne fut qu'après l'avoir vue plusieurs fois qu'il commença à dire qu'il était infecté du virus VIH ou qu'il avait le sida mais il l'appelait toujours « cochonnerie la ça ». Pour lui, on estimait que voir en face et franchement sa maladie était une bonne chose, parce que cela signifiait qu'il pourrait alors plus ou moins commencer à comprendre ce qui lui arrivait et tenter d'affronter cette étape de sa vie et donc vivre aussi longtemps que possible. Quand mon frère m'avait demandé si j'avais amené mes enfants pour le voir avant qu'il meure, cela avait été pour moi la preuve que le travail qu'elle avait fait avec lui avait réussi. Et je l'ai donc appelée pour la remercier. Je lui ai demandé comment elle trouvait qu'il allait. Elle a dit qu'il avait l'air d'aller bien mais qu'elle n'aimait pas le remontant qu'il prenait parce que le principal ingrédient en était l'alcool, elle lui avait demandé de ne pas le prendre, il n'en avait pas besoin, le Dr Ramsey lui avait donné des vitamines sous forme de comprimés qui étaient plus que suffisantes, il ne prenait pas ce remontant avec mesure selon la dose prescrite, mais en le buvant à la bouteille. Elle était très ennuyée, je le sentais. J'ai dit que je regrettais. Elle a dit que ce n'était pas tout. Elle était triste maintenant, je le sentais. Elle était allée voir mon frère, un jour, et une fille de Guyane était là (une « Guyanaise » : ce qu'elle exprimait par là était un préjugé, la vie à Antigua est meilleure que la vie en Guyane ; les gens viennent de Guyane pour faire le travail que les gens d'Antigua comme mon frère refusent désormais de faire). Après le départ de la fille, elle avait eu la réponse à des questions qu'elle n'avait pas vraiment l'intention de poser, elle n'était pas venue dans l'idée de poser ces questions, elle s'était avisée de les mentionner seulement parce qu'elle avait vu la fille. Mon frère avait eu des rapports sans protection avec cette femme et il ne lui avait pas dit qu'il était infecté par le virus VIH. Il ne le lui avait pas dit parce que s'il le lui avait dit il pensait qu'elle aurait risqué de refuser tout net d'avoir des rapports avec lui. L'assistante sociale était alors retournée immédiatement chez elle et lui avait rapporté une boîte de cent préservatifs. Mais mon frère lui avait dit qu'il ne pouvait vivre sans rapports sexuels, que s'il n'avait pas de rapports sexuels pendant trop longtemps il commençait à se sentir bizarre. Il ne s'était pas ému quand elle lui avait demandé s'il aimerait qu'on lui fasse la même chose, qu'une personne infectée du virus VIH et le sachant ait des rapports sexuels avec lui sans le lui dire, peut-être pensait-il que c'est exactement ce qui lui était arrivé. Il ne s'était pas ému quand elle lui avait demandé s'il aimerait que quelqu'un traite sa sœur (moi) comme il venait de traiter cette femme (« Et si ç'avait été votre sœur ? »). Il avait accepté de se servir des préservatifs à l'avenir quand elle lui avait dit que l'infection par le VIH est quantitative, c'est-à-dire que plus on a de virus, plus de virus on a reçu, plus vite il vous tue ; s'il ne disait pas aux gens qu'il était infecté, peut-être ne le lui disaient-ils pas s'ils l'étaient aussi, l'usage du préservatif n'était pas seulement destiné à protéger les autres de lui, il était aussi destiné à le protéger lui des autres.

Mon frère me dit qu'il ne pouvait se passer de sexe pendant deux semaines, il dit que cela le faisait se sentir bizarre, et il leva haut les épaules et puis les laissa retomber ; il semblait triste, il semblait défait, mais cela ne m'a pas empêchée de lui dire cruellement : Tous les hommes que j'ai connus ont dit la même chose, deux semaines sans sexe les fait se sentir bizarres. Il avait tenté de me dire qu'il avait quelque chose d'unique, qu'il n'était pas une personne ordinaire, qu'il était un homme sexuellement puissant. Il arrive que des hommes sexuellement puissants causent la mort immédiate de gens en leur tirant une balle dans la tête, plutôt qu'en les contaminant pour qu'ils meurent lentement d'une maladie. Quand nous avons vu le Dr Ramsey pour sa visite de contrôle peu après avoir eu cette conversation, j'ai parlé au Dr Ramsey devant lui de son comportement sexuel et du risque qu'il représentait pour les autres et pour lui-même ; il a tchipé et répété qu'il ne pouvait pas se passer de sexe pendant plus de deux semaines. Il a dit qu'il ne croyait pas avoir encore le virus VIH et il a demandé que le Dr Ramsey lui fasse subir un nouveau test. Le Dr Ramsey lui a rappelé qu'il avait demandé un nouveau test quelques semaines auparavant, après être sorti de l'hôpital, quand il s'était rendu à l'une de ses visites de contrôle et avait dit alors qu'il n'avait pas le sida et qu'il avait subi un nouveau test et que les résultats étaient positifs. Je dis que je refusais de payer un nouveau test, j'étais convaincue qu'il était positif au VIH, si convaincue que je m'étais endettée pour tenter de lui sauver la vie. Il a promis d'essayer d'être plus prudent, mais, alors que nous partions, le Dr Ramsey a dit quelque chose qui a conduit mon frère à comprendre que lui, le Dr Ramsey, avait en amateur servi de producteur à de nombreux chanteurs de calypso bien connus d'Antigua. Mon frère est entré dans une grande excitation quand il a entendu cela et a dit qu'il était un très bon chanteur lui-même, un si bon chanteur que quand il chantait les femmes qui l'entendaient ôtaient leurs vêtements (« A pa pou rigolé non, lé moi metté ka chanté sé madam'la ka metté yo tou tou nu »).

Et je me suis remise à me demander ce à quoi sa vie pouvait bien ressembler pour lui, et à me demander ce à quoi ma propre vie aurait ressemblé si je n'avais pas été si froide et si impitoyable vis-à-vis de ma propre famille, agissant seulement dans mon propre intérêt, quand j'étais une jeune femme. Ce devait être une personne comme cela, des hommes comme cela, des hommes qui sont seulement de grosses envies à satisfaire, des hommes qui disent que c'est plus fort qu'eux, des hommes qui ne peuvent pas se sauver, des hommes qui savent seulement comment mourir, pas du tout comment vivre – ce devait être un tel homme que ma mère avait à l'esprit quand elle me communiqua le grave danger que je courrais si je laissais une telle personne me connaître trop bien, me communiqua cela avec une telle force que j'ai grandi aliénée à ma propre sexualité et, pour autant que je puisse dire, que je suis encore, à ce jour, pas du tout à l'aise à l'idée de moi-même et de la sexualité. Et donc aussi, ce doit être cette sorte d'homme qu'était mon frère qui explique la célèbre pruderie qui existe parmi un certain genre de femme d'Antigua (la femme antillaise de langue anglaise, me semble-t-il ; je ne sais pas ce qu'il en est des autres femmes qui parlent les autres langues). Une telle femme vivra longtemps ; tel n'est pas le cas de la Guyanaise qui attendait devant la porte que mon frère revienne d'une quelconque sortie.

Qui est-il ? ne cessais-je de me demander. Qui est-il ? Quel sentiment a-t-il de lui-même, que peut-il bien vouloir ? Que les filles ôtent leurs vêtements quand elles l'entendent chanter ? Qu'est-ce que cela peut bien signifier ? Il ne fabrique rien, personne ne dépend de lui, il n'est un père pour personne, personne ne le trouve indispensable. Il ne peut pas fabriquer une table, son père pouvait fabriquer une table et une chaise, et une maison ; son père était le père de nombreux enfants. Ce besoin irrépressible de s'exprimer à travers son pénis, le fait que son imagination passe entre ses jambes, pas par ses mains, voilà quelque chose que je ne suis pas qualifiée pour comprendre. Un après-midi je l'avais emmené se baigner à un endroit où, quand j'étais enfant, la paroisse organisait de nombreux pique-niques. C'est maintenant une plage avec un hôtel pour touristes ; il nageait avec ma mère et ils étaient si beaux à voir, l'eau se fendait pour eux en vaguelettes, formant de grosses diagonales de part et d'autre d'eux, si beaux tous les deux, un noir, l'autre dorée, luisants, soutenus par l'eau, heureux à cet instant précis, assez proches l'un de l'autre pour se parler mais ne se parlant pas du tout. Je les voyais, j'étais debout sur le sable, la plage, mes enfants près de moi bâtissant des constructions de sable, constructions qu'ils devaient protéger des vagues parce que la marée montait. Voilà : c'était ma mère et c'était mon frère, le plus jeune enfant de ma mère, son dernier, et je me rappelle avoir pensé à sa naissance (j'avais treize ans à l'époque) que son arrivée marquait un changement en elle, un changement dans ses relations avec le père de mon frère, un changement dans ses relations avec le monde. Elle était devenue amère, cinglante ; elle et moi nous querellions tout le temps, elle se querellait avec tout le monde tout le temps. Ses traits s'affaissèrent, elle était belle de visage auparavant, vraiment belle, tout le monde le pensait, le pensait vraiment, même elle, mais cela avait cessé d'être vrai après la naissance de mon frère. Cet après-midi ils nageaient ensemble, sans parler, ils nageaient, encore sans parler. Mon frère, voyant des Européennes qui nageaient ensemble et conversaient en riant, nagea jusqu'à elles et dit des choses que je n'entendais pas et elles répondirent des mots que je n'entendais pas. Je ne sais pas ce qu'elles voyaient en lui, cet homme si beau de visage, trop maigre de corps, mais elles accueillirent avec complaisance ses ouvertures galantes, contentes peut-être de ce moment avec un homme qu'elles auraient trouvé dangereux dans leur propre environnement natal simplement à cause de sa couleur, ce moment si libre de frictions, sous le chaud soleil. Et je ne sais pas ce qu'il voyait vraiment en elles, elles n'étaient belles ni de visage ni de corps, selon les critères européens ou autres, ou ce qu'il attendait d'elles ; c'était seulement plus fort que lui, il avait vu des femmes, il s'était fait voir d'elles ; le résultat serait toujours le même : parfois les femmes couchaient avec lui, parfois non.

Ma mère vint s'asseoir près de moi et, tandis qu'assises sur le sable nous regardions mes enfants, ma mère me dit que Dieu me bénirait d'abondance pour avoir apporté l'AZT à mon frère. Mais je ne crois pas une telle chose, parce que pourquoi Dieu s'impliquerait-il soudain là-dedans, alors que le moment de s'y impliquer aurait été d'arrêter la survenue d'une chose telle que ce virus ? Et puis mon frère, aussi, sortit de l'eau, et ma mère et lui se mirent à parler de sa grande habileté à faire pousser des choses et ma mère lui rappela « la fougère ». Il n'y avait pas si longtemps, ma mère était allée à la Dominique, l'endroit où elle est née et où elle a vécu jusqu'à l'âge de seize ans, pour voir ses derniers parents vivants. Sa mère, une Indienne caraïbe de la Dominique, est morte ; son père, mi-écossais, mi-africain, d'Antigua, policier qui avait émigré à la Dominique, est mort, sa sœur est morte, son frère est mort. Les gens auxquels elle avait rendu visite étaient apparentés à sa mère par diverses personnes que je ne connais pas, que je n'ai jamais rencontrées, elle n'était pas retournée à la Dominique depuis plusieurs années avant ma naissance en 1949, et elle ne dit pas ce qui lui avait donné envie d'y retourner à ce moment-là. Elle avait fait un séjour merveilleux, à ce qu'elle disait, et un jour qu'elle s'y promenait, elle avait trouvé une fougère qui était inhabituelle, quelque chose de rare ; elle s'en était rendu compte et l'avait prise et mise dans son sac pour la rapporter avec elle à Antigua où elle avait prospéré dans un vieux pot de chambre fendu d'émail blanc, en un coin ombragé du jardin. Un jour que mon frère était sous l'emprise la plus extrême de sa dépendance à la drogue, il voulait de la cocaïne mais n'avait pas d'argent pour s'en acheter. Il avait pris la fougère de ma mère et l'avait vendue. M'ayant raconté cela elle éclata de rire ; il était assis près d'elle et elle tendit la main pour lui frotter le sommet du crâne, il tchipa et détourna les yeux, il était gêné, elle avait voulu le gêner, lui et moi le savions. Il n'aurait pas dû prendre sa fougère pour la vendre, je n'aurais pas dû m'entendre raconter qu'il avait vendu la fougère de cette façon-là. Je voulais lui dire : Elle ne sait pas ce qu'elle fait, mais je n'ai jamais été capable de me le dire à moi-même, je n'ai jamais été capable de lui pardonner aucune des choses qu'elle ne savait pas qu'elle faisait quand elle me les faisait à moi. Je regardais le visage de mon frère. Elle n'aime pas la mémoire, voulais-je lui dire ; tu n'as pas de mémoire, voulais-je lui dire, c'est elle qui t'a enseigné cela. Un peu avant mes seize ans, j'aurais pu passer une série d'examens qui, si je les avais réussis, m'auraient mise sur un chemin qui m'aurait conduite à des études universitaires, mais juste avant tout cela, ma mère me retira de l'école. Il n'y avait pas de raison réelle pour qu'on me retire de l'école, elle l'a fait, voilà tout, elle m'a retirée de l'école. Mon père était malade, disait-elle, elle avait besoin de moi à la maison pour l'aider avec les petits, disait-elle. Mais personne ne serait mort si j'étais restée à l'école, personne n'aurait mangé moins si j'étais restée à l'école, et le jour de la baignade mon frère serait déjà mort si cet acte de ma mère avait été tout ce qui demeurait de ma vie. Si ma vie était demeurée sur le chemin où ma mère l'avait mise, le chemin de pas d'études universitaires, mon frère serait déjà mort. Je n'aurais pas été en mesure de lui sauver la vie, je n'aurais pas eu accès à un médicament qui prolongeait sa vie, je n'aurais pas eu accès à l'argent permettant d'acheter le médicament qui allait prolonger sa vie, aussi provisoirement que ce fût. Et comme nous étions assises là, pas du tout face à face, elle frottant la tête de mon frère, racontant des histoires humiliantes à son sujet, me disant que je ne sais quel dieu me bénirait, elle ne se rappelait pas cela, elle ne se rappelait pas que si cela avait dépendu d'elle je n'aurais pas été en position d'être bénie par quelque dieu que ce fût, j'aurais pu, en fait, être dans la même position que mon frère à ce moment-là. Quand j'étais enfant, je l'entendais faire le récit d'événements dont nous avions été témoins toutes deux et elle omettait de petits détails ; quand je comblais ces manques, elle me regardait avec plaisir et étonnement et louait mon extraordinaire mémoire. Ces louanges laissèrent une marque éternelle et rien de ce que qui que ce soit pût faire ne me fit perdre cette capacité à me rappeler, aussi sélective que soit ma mémoire. À mesure que je grandissais, ma mère en vint à détester cet aspect de moi parce que je me rappelais des choses qu'elle voulait que tout le monde oublie. Je vois clairement aujourd'hui encore l'instant où elle me tomba dessus avec cette capacité au tranchant de rasoir qu'elle a de découper le sol sous le pas de ses enfants et me dit que je me rappelais trop (« Ou na tropp'mémoi'ou sav »). À ce moment-là, il était déjà trop tard pour me dire cela.

Ce soleil, ce soleil. Le dernier jour de notre visite ses rayons semblaient aussi pointus et aussi inamicaux que la lance bien ajustée d'un ennemi. Ma mère a préparé un délicieux déjeuner pour ses petits-enfants, un ragoût de corned-beef en boîte avec des tomates et des carottes et des macaronis ; ils l'ont mangé si avidement, comme s'ils étaient affamés, comme si on pouvait les dire gloutons. Mon frère dit qu'il aimerait faire une promenade avec moi, seule. Cela m'a fait plaisir et aussi je me suis demandé ce qu'il voulait de moi ; chaque fois qu'il tenait particulièrement à être seul avec moi, c'était pour me demander quelque chose que j'avais et qu'il voulait ; précédemment, il m'avait prise à part pour me demander le short que je portais ; c'était un short kaki que je porte d'ordinaire pour mes excursions en montagne. Je le lui ai donné et, alors même que je pouvais facilement le remplacer, je n'étais pas contente du tout de le lui donner. Je ne voulais pas le récupérer, je voulais ne pas avoir eu à le lui donner. Nous avons remonté une rue, passant devant un monument commémorant un esclave qui avait pris la tête d'une révolte. Le monument était entouré d'une grille d'acier et la porte était fermée à clé, la grille d'acier et la porte fermée à clé n'étaient pas destinées à faire partie de la commémoration de l'héroïsme de cet esclave. Nous sommes passés devant un vieux phare. Nous sommes passés devant l'endroit où mon ancienne école, une école de filles, se dressait autrefois. Nous sommes passés devant deux étangs appelés Country Pond et l'origine de ce nom je ne la connais pas, mais ils ont joué un rôle petit mais significatif dans mon histoire personnelle : quand j'avais environ neuf ans ou quelque chose comme ça et que j'étais élève à cette école de filles, les autres filles me voyaient comme la chouchoute de mes maîtresses, toujours fourrée dans mes livres, et comme une personne qui ne pouvait pas se défendre et qui était coincée ; un groupe particulièrement agressif d'entre elles m'attaquait après l'école sur le chemin de la maison et me clouait au sol pour me battre à tour de rôle. Il n'y avait aucune raison à cela, je n'étais pas méchante, je n'étais pas rapporteuse, je n'étais pas jolie. J'avais simplement l'air faible, j'étais maigre et trop grande pour une telle maigreur. Un jour ma mère, se demandant pourquoi je rentrais si tard de l'école, se mit à ma recherche, vit de loin un groupe de filles penchées toutes ensemble sur quelque chose qui était par terre, s'approcha, se rendit compte que c'était moi et administra à la fille qu'elle trouva en train de me battre une correction plus sévère encore. La mère de la fille, en apprenant cela, dit à ma mère qu'elle allait lancer de mauvais esprits sur moi et qu'ils seraient cause que je me noierais dans un de ces étangs. Ma mère ne douta pas un instant de ce que disait la mère de cette fille et je fus immédiatement envoyée chez mes grands-parents et ma tante, à la Dominique, parce qu'il est bien connu que les esprits ne peuvent traverser les eaux et qu'en tout cas l'*obeah* (la magie) qu'on pratique à la Dominique était supérieure au genre qu'on pratique à Antigua. Ce fut le début d'une longue

provisoire, ou seulement à moitié mort, présentait la moindre ressemblance avec lui, en ce lieu et cet instant-là, il ne l'a pas dit, il ne me l'a fait savoir en aucune manière. Nous avons poursuivi notre promenade, au-delà du jardin botanique, et nous avons avisé des tamariniers qui portaient des tamarins mûrs ; les tamarins pendaient très haut dans les arbres et mon frère a donc ramassé des pierres pour les lancer sur les fruits, espérant en faire tomber quelques-uns, comme nous l'aurions fait si nous avions été des écoliers. Il a réussi, nous avons mangé les tamarins ; ils n'étaient pas bons, ils n'étaient pas mauvais, c'étaient des tamarins, voilà. Nous n'avons rien dit à ce moment-là. Nous sommes passés devant la prison, il ne m'a pas dit s'il y avait été, cette fois où il avait eu des ennuis, il n'a pas semblé la remarquer du tout. Nous avons marché jusqu'aux bâtiments et aux terrains de son ancienne école. Elle ne semblait receler aucun souvenir pour lui ; il a remarqué qu'elle était délabrée, il s'est demandé pourquoi on envoyait des enfants dans une école qui avait des trous dans les murs. C'est là qu'il a trouvé le fruit d'un acajou, une chose que nous avions déjà vue tous les deux, le fruit d'un acajou, mais ce fut une merveille pour nous à ce moment-là, si parfaitement en forme de poire, le fruit de l'hémisphère Nord, pas l'avocat, mais dur comme le bois de l'arbre dont il vient. Je l'ai rapporté dans le climat du Vermont avec moi et placé sur un appui de fenêtre. Et un jour quand je l'ai regardé, il s'était ouvert sans bruit, en toute perfection, en quartiers, révélant un intérieur qui était du rose d'un coquillage resté enfoui dans du sable propre, et des couches superposées de graines dans des gousses qui avaient des ailes, comme les graines d'un érable. Je ne savais pas jusque-là que les graines de l'acajou étaient ainsi. Nous avons alors poursuivi notre promenade au-delà du terrain de jeu, l'espace public où les grands événements publics ont lieu. Il a indiqué un kiosque et m'a dit que, lorsqu'il était élève de son école, lui et un ami avaient coutume d'amener des filles là-dessous pour coucher avec elles (« Cé en ba ça moi té ka coké ces chères la »). Nous sommes revenus à la maison de ma mère.

Je suis retournée dans mon propre foyer du Vermont avec mes enfants. J'ai parlé avec mon frère, celui qui était malade du VIH, j'ai parlé avec mon frère, celui du milieu, j'ai parlé avec ma mère. Je n'ai jamais parlé à l'aîné de mes frères ; il n'existe pas d'explication claire à cela, son histoire est encore tout un chapitre et lui aussi ne peut l'exprimer ni par la parole ni par l'écrit. Mon plus jeune frère, le malade, s'était installé dans la petite chambre qui avait été construite pour lui ; ma mère était très contente de l'avoir construite. Il reprenait de plus en plus de forces. Au téléphone ma mère me dit qu'il allait très bien, si bien qu'il pourrait travailler ; il trouva un emploi, mais la personne qui l'avait employé fut bientôt à court d'argent. Il allait mieux que qui que ce soit ne s'y était attendu, il avait pris pas mal de poids, il passait la nuit entière dehors, il buvait de la bière, et quand j'ai demandé s'il était certain qu'il y avait seulement de la bière dans la bouteille, ma mère a été surprise pour de bon qu'une bouteille de bière puisse contenir autre chose que de la bière ; mais sitôt que j'avais entendu qu'il buvait de la bière, j'avais songé qu'il ne s'arrêterait pas à la bière. Il voyait des tas de filles et couchait probablement avec elles ; il y avait la Guyanaise et il y avait d'autres filles, mais nul n'a jamais dit d'où ces autres-là venaient. Lui et ma mère avaient de gigantesques querelles et des choses impardonnables étaient dites, mais quand les querelles étaient finies, ils avaient tous deux le sentiment que tout ce qui avait été dit n'avait pas été dit sérieusement.

Un jour une femme qui, quand nous étions petites filles ensemble, était ma meilleure amie m'appela au téléphone pour me dire que des livres que je lui avais donnés avaient été volés et me demander si je pouvais les remplacer. Elle était en larmes. J'en ai été très touchée, parce que c'étaient des livres que j'avais écrits et que quand je les lui avais donnés elle n'avait pas paru particulièrement contente de les avoir. Nous nous sommes demandé qui pouvait les avoir pris et pourquoi. Elle était sur le point de raccrocher quand je me suis enquise de mon frère et elle a dit qu'il allait tout à fait bien, qu'il voyait ses amis, qu'il ne travaillait pas, qu'il passait toute la nuit dehors parfois, il buvait, il n'était jamais sans une bouteille de bière à la main, il y avait toujours une fille qui l'attendait. Elle dit que ses cheveux s'étaient beaucoup clairsemés. Elle dit que ses lèvres étaient redevenues rouges. Quand je l'avais vu pour la première fois à l'hôpital, allongé là presque mort, ses lèvres étaient écarlates, comme si des couches et des couches de peau en avaient été retirées et que seule une dernière couche demeurait, tenant en place le dangereux liquide qu'était son sang. Son visage était aigu comme taillé au ciseau, comme une image en relief sur un emblème, un visage plein d'une profonde souffrance, au-delà des regrets ou des suppliques de se voir accorder une deuxième chance. C'était le visage de quelqu'un qui avait vécu dans les extrêmes, parfois un saint, parfois un pécheur.

Mon frère mourut. Je m'y étais attendue, parfois il semblait que ce serait une bonne chose qu'il meure tout simplement. Et puis il est mort pour de bon. Quand il était encore en vie, j'avais coutume d'essayer d'imaginer comment cela serait quand il ne serait plus en vie, à quoi le monde ressemblerait à l'instant où je saurais qu'il n'était plus en vie. Mais quand cet instant est venu, l'instant où j'ai su qu'il n'était plus en vie, je n'ai su quoi penser, je n'ai su quoi éprouver.

Il était mort depuis longtemps. Je l'ai vu deux mois avant qu'il soit effectivement mort. Il était couché dans son lit ; sa tête était grosse, plus grosse qu'elle ne l'était avant qu'il tombe malade, mais c'était parce que son corps était devenu si petit. Le lit dans lequel il était couché à mourir, je l'avais acheté pour lui. C'était un petit lit, un lit pour un enfant. Les draps du lit je les avais achetés chez Ames, boutique de la petite ville dans laquelle je vis maintenant, un endroit qu'il ne verrait jamais. Il ne me verrait jamais là où je vis maintenant, mais je pouvais le voir là où il vivait alors. Il vivait dans la mort. Peut-être tout le monde vit-il dans la mort, en fait, c'est une chose que je crois, mais d'ordinaire, cela ne se voit pas ; dans son cas, c'était une mort que je voyais. Il était en vie, il parlait, sa respiration allait et venait encore, il lui arrivait encore de demander un genre particulier de nourriture et puis de décider qu'elle lui plaisait ou qu'elle ne lui plaisait pas, mais il n'était pas en vie d'une manière que j'avais jamais vue à qui que ce soit auparavant. Il était couché dans son lit, un mince drap sur lui, les yeux ouverts, grands ouverts, comme si on les avait forcés d'être ainsi, la bouche ouverte, comme si on l'avait forcée d'être ainsi ; il était couché dans son lit, et pourtant il était ailleurs. Quand je l'ai vu cette fois, la dernière fois avant qu'il meure, et qu'il était couché dans son lit, ses mains étaient invisibles ; elles étaient sous les draps, les draps ne se soulevaient pas et ne retombaient pas, ses yeux étaient ouverts et sa bouche était ouverte et ses mains n'étaient pas visibles. Et c'était exactement l'apparence qu'il avait quand l'entrepreneur des pompes funèbres a ouvert la fermeture à glissière du sac en plastique dans lequel il gisait quand je suis allé le voir chez l'entrepreneur. Quand je l'ai vu, toutefois, couché dans son lit, deux mois avant de le voir chez l'entrepreneur, il était dans la maison de sa mère. C'est ma mère, aussi. Mais je ne lui parlais pas à ce moment-là, et quand je ne lui parle pas, elle est la mère de quelqu'un d'autre, pas la mienne. Je le voyais à travers la claire-voie des fenêtres tandis que je me tenais sur la véranda. C'était à la fin d'une de ces journées, semblable à tant de celles que j'ai connues autrefois quand j'étais enfant, et loin desquelles j'aurais voulu fuir : à l'est, l'obscurité s'abattait déjà du ciel ; à l'ouest, le soleil, s'étant épuisé à briller avec un tel acharnement, se hâtait de tomber sous l'horizon. Pas un oiseau ne chante alors ; les poulets volent dans les arbres nicher pour la nuit, les arbres deviennent immobiles, personne ne se querelle, les voix des gens sont abolies. Ce n'est pas le moment habituel du jour pour naître ou pour mourir, c'est le moment habituel du jour pour se préparer à naître ou pour se préparer à mourir, c'était le moment du jour où je l'ai revu d'abord deux mois avant qu'il meure. Il n'est pas mort au milieu de cette nuit-là.

Tandis que je le regardais à travers la claire-voie des fenêtres, je ne pensais pas à moi au sens de comment ce faisait-il qu'il soit couché là à mourir et que je sois debout là à le regarder. Je pensais à mon passé et à la peur que j'éprouvais à penser que j'aurais pu continuer de vivre d'une certaine façon, encore que, j'en suis convaincue, pas très longtemps. Je serais morte aux environs de son âge, trente-trois ans, ou je serais devenue folle. Et alors que je le regardais à travers la claire-voie des fenêtres, j'ai commencé à prendre mes distances avec lui, j'ai commencé à ressentir de la colère contre lui, j'ai commencé à ressentir que je n'aimais pas être si ligotée à sa vie, à l'amenuisement de sa vie, à la souffrance qu'elle renfermait. J'ai commencé à ressentir que ce serait si bien qu'il se décide à mourir tout de suite, pour être enterré tout de suite, et qu'on soit débarrassés de toute l'affaire tout de suite et puis voilà. Je suis entrée dans la maison et me suis tenue sur le seuil de la chambre dans laquelle il était couché. La maison avait une drôle d'odeur, comme si ma mère n'avait plus le temps d'être la ménagère impeccable qu'elle avait toujours été et que donc quelque terrible saleté était passée inaperçue et pourrissait discrètement. Ce fut seulement après sa mort, quand il ne fut plus dans la maison et que l'odeur n'y fut plus que j'ai su ce que l'odeur était vraiment, et maintenant que j'écris cela je ne trouve rien de semblable à cette odeur, ce n'était pas une odeur comme aucune de celles qui me sont familières. Je suis restée longtemps à le regarder avant qu'il se rende compte que j'étais là. Et puis quand il s'en est rendu compte, il a soudain rejeté le drap, arraché son pantalon de pyjama de sa taille, révélant son pénis, et puis il a saisi son pénis à la main et l'a brandi, et son pénis avait l'air d'une fleur meurtrie qu'on avait coupée court sur sa tige, il était couvert de plaies et sur les plaies il y avait une substance blanche, presque crémeuse, presque farineuse, un champignon. Quand il a saisi son pénis à la main, il l'a soudain dirigé vers moi, comme pour me le mettre sous le nez, et il a dit d'une voix qui était pleine d'une profonde panique et d'une profonde frayeur : « Jamaica, regarde-moi ça, mais regarde-moi ça. » Tout dans ce geste-là était déconcertant ; que faire, que dire ? Voir le pénis d'homme adulte de mon frère, et voir son pénis avec cet aspect-là, le voir, lui, devenu incapable de comprendre que, peut-être, il n'aurait tout simplement pas dû me montrer à moi – sa sœur – son pénis, sans m'avoir préparée à voir son pénis. Je ne voulais pas voir son pénis ; à ce moment-là, je ne voulais voir aucun pénis quel qu'il fût.

Ce que je suis en train d'écrire maintenant n'est pas un journal, un journal est la relation quotidienne, la relation immédiate de ce qui se produit pendant un certain temps. Pendant longtemps après la mort de mon frère, je n'ai pas pu écrire sur lui, je n'ai pas pu penser à lui avec une quelconque cohérence. En réalité le temps fut court entre le moment où il tomba malade et le moment où il mourut mais ce temps est devenu un monde. Pour faire un monde il faut une éternité, et l'éternité est le refuge de ce qui est perdu, le refuge de toutes les choses qui ne seront jamais ou des choses qui ont été mais ont perdu leur cours et l'espoir de se retirer avec quelque grâce. Et je crois que cela est vrai, alors même que je sais aussi que je n'ai aucun moyen réel de le mesurer.

Sa mort était imminente et nous nous y attendions tous, lui compris, mais nous n'avons jamais pensé au fait que cela était vrai de nous tous, aussi : notre mort était imminente, seulement nous ne nous y attendions pas… encore. La mort était la chose qui allait lui arriver à lui, et pourtant chaque fois que je montais en avion pour aller lui rendre visite, j'étais tout à fait effrayée à l'idée de ne jamais revenir : l'avion allait s'écraser, ou, d'une quelconque façon pas du tout explicable, je n'allais jamais revenir.

Il y a une photographie de mon frère dans un volume (un album) plein de photographies rassemblées par mon mari. Ce sont des photographies de famille et elles sont dans ce volume parce que mon mari voulait donner à notre fille une vue d'ensemble instantanée des cinq premières années de sa vie. La photographie de mon frère qui est dans cet album montre un jeune homme, beau et parfait à la manière des jeunes gens, car les jeunes gens sont toujours parfaits et beaux jusqu'à ce qu'ils ne le soient pas, jusqu'au moment où ils ne le sont pas et voilà. Sur cette photographie sa peau est lisse ; sa peau semble un morceau de tissu précieux couvrant une surface meuble (la construction qu'était son visage), et si l'on devait enfoncer le bout d'un doigt dans ce tissu, il finirait par retrouver sa surface lisse et luisante, apparemment intacte de toute expérience d'aucune sorte, interne ou externe. Il était beau alors. Il faisait des choses indicibles alors ; du moins ne pouvait-il rien en dire et je ne pouvais pas vraiment lui en dire quoi que ce soit. Je pouvais lui nommer les choses qu'il faisait, mais il ne pouvait me nommer les choses qu'il faisait. Il volait sa mère (notre mère, elle était ma mère, aussi, mais j'étais seulement dans une phase de mise en place d'une nouvelle distance entre nous, je n'étais pas dans la phase de dire que je ne sais rien d'elle, comme je le fais maintenant), il volait ses frères ; il m'aurait volée aussi, mais les choses qu'il pouvait me voler ne lui étaient pas accessibles : mes possessions étaient rangées sur un continent éloigné de là où il vivait. Il mentait. Il volait, il mentait, et quand je dis qu'il faisait des choses indicibles, que veux-je dire au juste ? Car je sais bien que j'ai menti et une fois j'ai volé du papier à lettres dans un bureau où je travaillais. Ses choses indicibles étaient les choses dont il était incapable de rien dire ouvertement. Il n'a jamais pu dire que ce qu'il avait sous les yeux lui appartenait, ou que ce qu'il avait sous les yeux lui était venu d'une façon qu'il ne jugeait pas humiliante. C'était un voleur, il n'était pas fier de dire que la plupart de ce qu'il avait eu lui était venu par le vol. Dans l'endroit où il vivait quand sa peau était lisse et sans défaut – il était vraiment jeune alors mais au-delà de l'adolescence – il avait quelques livres sur une étagère ; c'étaient des manuels scolaires et l'un d'entre eux était une histoire des Antilles, encore que ce fût vraiment une histoire des Antilles britanniques. Ce livre était un livre qu'il avait pris à l'école. Je comprenais cela, prendre un livre à l'école ; quand j'étais petite, que j'habitais cette petite île, j'avais l'habitude de voler des livres à la bibliothèque, pas à l'école, mais à la bibliothèque, l'école que je fréquentais n'avait pas de livres que j'avais envie de voler. Je n'aurais pas eu envie de voler un livre d'histoire, je ne volais que des romans, et tous les romans que je volais étaient des romans que j'avais lus, ils avaient tous été écrits au XIXe siècle. Je ne m'intéressais pas à l'histoire alors, je m'y intéresse seulement maintenant ; mon frère avait des livres d'histoire sur son étagère. Il était obsédé par les grands voleurs qui ont habité sa propre partie du monde, les grands héros voleurs de l'histoire maritime anglaise : Horatio Nelson, John Hawkins, Francis Drake. Il pensait que ce qu'on appelle l'histoire est une relation des triomphes considérables face à des défaites considérables remportés par des gens considérables qui ont bénéficié de ces triomphes considérables ; il pensait (comme je pense moi) que cette histoire qui est la nôtre est avant tout une relation de vols et de meurtres (« Yo cé dé voleu', dé voleu'moi di ou ») mais présentés de manière que la relation semble inévitable et même amusante : il en aimait les costumes, il aimait les fins, les résultats, il aimait les gens qui gagnaient, quand bien même il était au nombre des choses qui avaient été gagnées. Mais sa vie était réelle, elle n'appartenait pas encore à l'histoire, sa réalité était qu'il était mort mais encore vivant ; sa réalité était qu'il avait une maladie appelée sida. Et quoi que quiconque puisse dire, ou d'ailleurs quoi que quiconque ait découvert jusqu'ici, il me semble qu'avoir de si intimes accointances avec l'organisme qu'est le virus VIH c'est avoir des accointances avec la mort. Nous avons tous des accointances avec la mort ; chaque instant, chaque geste renferme une série d'événements qui peuvent facilement glisser jusqu'à devenir des réalités qui sont inconnues, inattendues, au point de nous abasourdir ; nous n'attendons pas vraiment ces instants, ils arrivent et on leur résiste, on les nie et puis pour finir, inexorablement, on les accepte ; avoir le virus VIH c'est avoir franchi la frontière entre la vie et la mort. D'un côté, il y a la vie, et la mince ombre de la mort plane dessus ; et de l'autre, il y a la mort avec une petite bribe de vie liée à elle. Ce côté-là, c'est la vie du sida ; voilà comment je voyais mon frère quand il était dans son lit, couché à mourir.

J'étais à Miami, ville de l'extrémité méridionale de l'Amérique du Nord, et d'ordinaire le mot « Miami » qui représente cette ville est assez familier pour que je puisse le dire en sachant ce que j'entends par là, et pour que je puisse le dire en croyant que la personne qui l'entend sait ce que j'entends par là, mais tandis que je suis en train d'écrire tout cela au sujet de mon frère, soudain cet endroit et la chose que je m'apprête à dire semblent étrangers, inconnus. J'étais à Miami, et si quelqu'un me posait une question concernant ma famille, je faisais des réponses franches à propos de ma famille et à propos de ma mère. Ce devait être merveilleux à Miami à ce moment-là, mais je ne le saurai jamais vraiment. Je ne peux que répéter ce que d'autres gens disaient ; ils disaient que c'était merveilleux à Miami et qu'ils étaient contents d'y être, qu'ils avaient envie d'y être. Mais j'étais moi-même à Miami, et je trouvais que Miami n'était pas dans la zone tropicale dont je suis originaire, et pourtant pas dans la zone tempérée où je vis maintenant ; Miami était entre les deux, mais cet entre-deux ne me la faisait pas désirer. L'endroit où je vis maintenant me manquait, la neige me manquait, ma propre maison, qui était entourée de neige, me manquait, mes enfants me manquaient, qui dormaient ou se promenaient simplement dans la maison entourée de neige, mon mari me manquait, le père de mes enfants, et ils étaient tous dans la maison entourée de neige. Je voulais rentrer chez moi. Un jour à midi j'ai quitté Miami, et quand je suis partie, il faisait chaud et clair et le trajet de Miami au Vermont n'aurait pas dû prendre plus de huit heures, mais Miami est au sud et, plus je remontais vers le nord, plus la zone devenait tempérée avec des tempêtes de neige qui rendaient le voyage aérien difficile et je suis arrivée chez moi dans le Vermont quatorze heures et demie après avoir quitté Miami. À Miami j'avais fait une promenade au jardin botanique Fairchild et pendant que j'y étais j'avais acheté deux rhododendrons de Nouvelle-Guinée à la boutique de cadeaux. Les rhododendrons étaient dans des pots de vingt litres et ils étaient très malcommodes à transporter dans des avions et à travers des aérogares. Peut-être avais-je l'air d'une femme très raisonnable portant deux grandes plantes couvertes d'éclatantes fleurs orange en forme de trompette au milieu d'un aéroport et en plein mois de janvier, parce que tous ceux que je rencontrais ont été très gentils et m'ont aidée avec mes plantes et le reste hétéroclite de mon attirail de voyage. J'étais si heureuse d'arriver chez moi, c'est-à-dire, le chez-moi que je me suis fait maintenant, le chez-moi de ma vie adulte.

Mes deux enfants dormaient dans le lit de mon fils. Quand je ne suis pas à la maison ils aiment dormir ensemble. Quand je les ai vus endormis, respirant normalement, les traits au repos, ils m'ont semblé si beaux, à ne rien faire que j'éprouve comme un danger pour eux ou un désagrément pour moi, de sorte que je n'avais pas à lancer leur nom d'une voix forte, comme si leur nom lui-même était un avertissement (« HAROLD », « ANNIE »), ou comme si leur nom lui-même renfermait un regret. J'étais là, le regard baissé sur eux à penser combien je les aimais et comme j'étais contente de les avoir et je me suis courbée pour les embrasser et ils se sont éveillés et ont été contents de me voir et m'ont suppliée de me coucher avec eux dans le lit et de me blottir contre eux jusqu'à ce qu'ils se rendorment. Je me suis couchée avec eux, dans l'intention d'y rester seulement jusqu'à ce qu'ils s'endorment, mais je me suis endormie aussi ; je me suis réveillée parce que mon mari m'a réveillée.

Il était six heures du matin, la lumière de ce jour d'hiver était encore surtout argentée, elle contenait seulement un petit peu de jaune, elle contenait seulement un petit peu de rose, je l'ai vu en sortant de la chambre de mon fils, dans le couloir, face à une fenêtre.

Quand mon mari m'avait réveillée, il avait dit :« Chérie, viens, viens, il faut que je te parle » (c'est exactement la façon dont il l'avait dit). Dans l'obscurité de la chambre je voyais son visage ; cela n'est pas vraiment possible, de voir quelque chose comme un visage dans l'obscurité d'une chambre, mais c'est vrai tout de même, je voyais son visage. C'était un visage anxieux, un visage troublé ; sur son visage, je voyais qu'il s'inquiétait de quelque chose et j'ai pensé que ce quelque chose était lui-même. Je lui ai dit : « Qu'est-ce qu'il y a ? » Je lui ai demandé : « Qu'est-ce qui ne va pas ? » (et exactement de cette façon, en me servant précisément de ces mots-là). Il avait seulement répondu : « Viens, viens, il faut que je te parle. » Dans le couloir où je voyais la lumière argentée du jour avec seulement un peu de rose et seulement un peu de jaune, il a dit : « Dalma vient d'appeler, Devon est mort. » Et quand il a dit « Devon est mort » j'ai pensé : Ah, c'est Devon qui est mort, pas un de ses parents, pas un des siens, ce n'est pas quelqu'un pour qui il doit, lui, avoir du chagrin. J'étais si contente de cela, si contente à la pensée, au sentiment que cette mort, cette expression de tristesse sur son visage, concernait quelqu'un qui n'était pas son parent à lui. Il n'allait pas souffrir d'un chagrin. Mon mari est quelqu'un que j'aime, c'est un amour auquel je ne m'étais pas attendue ni même dont je savais vraiment qu'il existât ; je préfère que les mauvaises choses ou les choses désagréables m'arrivent à moi. Je ne peux supporter de le voir souffrir ; de toute manière, il prend la souffrance trop au sérieux, trop à cœur, c'est mieux que les mauvaises choses m'arrivent à moi, car alors je n'ai pas à m'en faire pour lui. Et puis aussi, je crois que je sais mieux m'y prendre que lui avec les mauvaises choses.

J'ai préparé les enfants pour l'école et je leur ai servi le petit déjeuner. Je leur ai dit que leur oncle était mort. Ils n'ont pas été surpris, ils s'y étaient attendus, ils iraient à l'enterrement, ils iraient se baigner avec nos amis Bud et Connie, Bud et Connie les emmèneraient dîner à la Langouste en Marmite. J'ai conduit les enfants à l'arrêt du car, j'ai bavardé gentiment avec les autres mères tandis que nous attendions l'arrivée du car, je ne leur ai pas dit que mon frère était mort. Je suis rentrée chez moi, j'ai appelé l'agence de voyages et j'ai pris mes dispositions pour le voyage, j'ai attendu une femme d'un journal qui voulait me poser des questions au sujet d'un livre que j'avais écrit et qui venait d'être publié. Cette femme est venue et elle m'a posé toutes sortes de questions sur mon passé et mon présent, sur la façon dont j'étais devenue écrivaine, sur la façon dont ma vie, avec ses débuts improbables (du moins d'après ce qu'elle semble être aux yeux de quelqu'un d'autre, maintenant) de pauvreté et d'abandon, de cruauté et d'humiliation, d'arrachement et de tromperie, avait mené à une position assurée dans la partie prospère et triomphante du monde, la menant elle, reporter journaliste, à s'intéresser à ma vie. À quelque question qu'elle me posait sur quelque sujet que ce soit, il était facile d'être sans merci et de répondre en toute vérité : à propos de ma mère, à propos des raisons de ne plus vouloir associer mes écrits avec le magazine où j'avais forgé mes capacités d'écrivaine. Car le magazine pour lequel j'avais écrit durant toute ma vie d'écriture jusque-là était comme l'endroit dans lequel j'avais grandi ; il était beau, idéal en quelque sorte, mais il avait été rendu vulgaire et laid par les gens incroyablement bêtes qu'il avait fini par attirer. Je n'ai rien dit de la mort de mon frère, qui s'était de fait produite quelques heures auparavant (alors qu'en réalité il était mort un an au moins avant que le souffle ne quitte son corps), j'avais fait vœu de ne rien lui dire de mon frère et de sa maladie et maintenant de sa mort. Si je lui avais parlé pendant qu'il était seulement malade et même presque mourant (encore qu'il ait été presque mourant pendant longtemps), je n'aurais pas hésité à lui parler de la maladie de mon frère, à lui parler de sa mort imminente (et aussi à évoquer le fait que tous, nous affrontons une mort imminente). Je ne pouvais pas lui parler du fait qu'il venait de mourir. Je n'y comprenais rien, à ce moment précis. Sa mort était si surprenante, alors même que je m'y étais attendue, elle était suspendue devant moi, pas comme un nuage noir mais comme un bloc de quelque chose de dur, de froid et d'impénétrable. Je lui ai parlé, parlé, elle m'a questionnée, questionnée. Toutes les choses que je lui ai dites étaient vraies, toutes les choses que je lui ai dites étaient emplies de sens. La journée était froide, c'était la mi-janvier, le soleil brillait. Pour moi une telle chose est un paradoxe : le soleil brille, pourtant l'air est froid. Et tandis que je parlais à cette femme du journal qui ne cessait de me poser des questions et des questions et aux questions de laquelle je ne cessais de répondre et de répondre, j'ai regardé par une fenêtre et j'ai vu qu'un animal, un daim, avait mangé des buissons à feuilles persistantes particulièrement peu ordinaires que mon ami Dan Hinkley m'avait envoyés de sa pépinière de Kingston dans l'État de Washington. Et la vue des buissons tout mangés comme au hasard, pas pour satisfaire une faim mais pour satisfaire une envie de jouer, m'a soudain rendue triste, m'a soudain fait souhaiter que cela, la mort de mon frère, ne se soit pas produit, que jamais je ne me sois retrouvée impliquée de nouveau avec les gens dont je suis issue et que je voulais seulement être heureuse, heureuse, et encore heureuse, avec tout le vide, toute l'insignifiance qu'un tel état comporterait.

J'allais et venais sur le plancher de ma cuisine, le plancher était en pin, type de bois qui me rappelait mon père, qui était menuisier. Cet homme était le vrai père de mon frère et pas vraiment le mien, mon père était quelqu'un d'autre que je ne connaissais pas. Je connaissais seulement cet homme-là et, pour moi, il était mon père. C'était un homme que j'aimais et que j'avais très bien connu, mieux que ses propres enfants ne le connaissaient (mon frère qui était mort, mon frère qui était marchand au marché le samedi, mon frère qui avait presque tué notre mère en la jetant par terre pour essayer de l'empêcher de lui lancer des pierres). Le cercueil de mon frère était fait de ce genre de bois, le pin, mon autre frère, celui qui est marchand au marché le samedi, l'avait choisi. C'est le moins coûteux de tous les genres de cercueils qui étaient à vendre chez l'entrepreneur des pompes funèbres, je l'ai payé avec des chèques de voyage. Enfant, j'avais peur de l'entrepreneur, Mr. Straffee ; enfant, tout le mobilier avec lequel j'avais des contacts était fait de ce bois, le pin : la chaise sur laquelle je m'asseyais à la maison, le plancher sur lequel je marchais à la maison, le lit dans lequel je dormais, la table sur laquelle ma mère déposait le repas que je mangeais au milieu d'une journée d'école, mon pupitre à l'école, la chaise sur laquelle je m'asseyais derrière le pupitre à l'école – tout cela était fait de ce bois, le pin. Le plancher sur lequel je me tenais ce matin où mon frère est mort était froid et les planches s'étaient un peu écartées les unes des autres.

J'ai appelé tous les médecins qui avaient prescrit des médicaments pour mon frère pour leur dire qu'il était mort. Ils s'appelaient Scattergood, Hart et Pillemer. C'est seulement après les avoir appelés, debout près du téléphone, que leurs noms m'ont frappée, comme si leurs noms m'avaient attirée à eux dès l'origine[1]. Ils ont dit combien ils étaient désolés d'apprendre cette nouvelle. J'ai appelé le pharmacien pour lui dire que mon frère était mort. Il s'appelait Ed. Il avait été très bon et compatissant, m'avait souvent fait confiance, assuré que je lui payerais les centaines et parfois les milliers de dollars de médicaments que j'avais pris à crédit ; quelle que fût la somme que je lui devais, il me donnait toujours les médicaments qui avaient été prescrits pour soulager les souffrances de mon frère et prolonger sa vie. Je suis allée à l'épicerie du petit village pour acheter quelque chose, et quand j'ai dit à Pete, l'épicier, que mon frère était mort, il m'a dit combien il était désolé

1. Scattergood : littéralement, répand le bien ; Hart : même prononciation que *heart*, cœur ; Pillemer : évidemment évocateur de *pill*, pilule, comprimé, gélule, et peut-être, par allitération, d'un médecin bien connu des téléspectateurs américains. (*N.d.T.*)

et il a dit qu'il était sûr que sa femme, Debby, serait désolée de l'apprendre, elle aussi. Tous ceux à qui j'ai dit que mon frère venait de mourir disaient combien ils étaient désolés, ils disaient ceci : « Je suis désolé », et ces trois mots devenaient si intéressants à entendre : tous essayaient de les dire avec une intonation dont ils espéraient qu'elle traduirait la sincérité de leurs sentiments ; ils étaient vraiment désolés que cette personne qu'ils ne connaissaient pas fût morte, cette personne qu'ils n'auraient pas aimée du tout (cela je le savais, car ils l'auraient trouvé charmant, il était si beau, il pouvait se rappeler les bonnes manières quand cela l'arrangeait, quand il voulait obtenir quelque chose, mais au vrai, pour finir, il aurait trouvé leur attachement au train-train quotidien, au pur et simple, au dur travail ordinaire, dépourvu de satisfaction, pourtant il ne se serait pas querellé avec eux, il aurait seulement fait tout ce qu'il pouvait pour accentuer à leurs yeux la futilité, le vide de la chose qu'on appelle la vie, la chose qu'on appelle vivre – ils ne l'auraient pas aimé). Mais ces mots, « je suis désolé », qui tantôt sont dits avec une vraie profondeur de sentiments, avec une vraie sincérité, tantôt par simple politesse, sont une si bonne chose à entendre quand on a besoin de les entendre, et à ce moment précis j'avais besoin d'entendre ces mots, « je suis désolé », « je suis tellement désolé ». Je n'aimais pas mon frère, mon frère ne m'était pas sympathique, j'étais simplement désolée qu'il fût mort, cela me réconfortait d'entendre d'autres gens dire qu'ils étaient désolés qu'il fût mort. Et j'étais pleine d'admiration pour les gens qui pouvaient dire ceci : « je suis désolé », parce qu'ils le disaient avec une telle aisance, ils le disaient comme s'ils avaient seulement respiré.

Quand je l'avais vu pour la dernière fois encore vivant, bien qu'il eût l'aspect de quelqu'un qui était mort depuis longtemps et dont le corps avait été laissé à l'abandon, à pourrir – quand je l'avais vu pour la dernière fois et qu'il était encore vivant, je m'étais querellée avec lui. J'étais allée le voir un week-end, laissant ma famille passer la fête de Thanksgiving sans moi. Mon frère, celui qui est marchand le samedi au marché, avait appelé pour dire que Devon n'allait pas très bien, que Devon coulait, que Devon s'enfonçait. C'était exactement la façon dont il l'avait dit : ne pas aller très bien, couler, s'enfoncer. Pour l'écœurante prolifération du muguet qui fleurissait dans sa gorge, un médecin avait prescrit quelque chose ; le pharmacien en mit trente comprimés dans un flacon si petit que je pouvais le dissimuler dans la paume de ma main sans qu'on le remarque ; ce flacon de médicaments coûtait si cher que je n'avais pas pu le payer sur le moment ; comme je n'avais pas pu payer les autres médicaments dont j'avais besoin, des médicaments contre la douleur, non pas des médicaments pour atténuer la douleur mais des médicaments pour vous empêcher de ressentir quoi que ce soit. Je ne pouvais rien payer de cela au comptant. Je ne pouvais payer qu'à crédit ; et de cette manière, bien que pas uniquement de cette manière, sa maladie et sa mort ne cessaient de me rappeler mon enfance : cette vie à crédit, cette vie dans l'espoir que l'argent viendra me rappelait mes courses chez un épicier qui s'appelait Richards, pas celui qui était un bon chrétien chez lequel nous allâmes par la suite, car les épiciers Richards, religieux ou pas, gonflaient en tout cas nos notes et puis nous contraignaient à payer nos dettes, tout incapables que mes parents étaient de le faire ; mes parents avaient plus d'enfants qu'ils n'avaient les moyens d'en nourrir, mais comment auraient-ils su ce que la nourriture, ou la maladie, ou toute autre chose en général, finiraient par coûter, l'avenir n'étant jamais maintenant, seulement il vient pour de bon, l'avenir, par la suite.

Et quand j'ai revu mon frère pour la dernière fois, vivant, de cette manière qu'il avait d'être vivant (mort en fait, mais respirant encore, sa poitrine se soulevant et s'abaissant, son cœur battant comme quelque chose, battant comme quelque chose, mais quoi, mais quoi ? il n'y avait pas de métaphore, son cœur battait comme son cœur, seulement il battait à peine), j'étais si fatiguée qu'il soit dans cet état, pas vivant, pas mort, mais constamment avec ses exigences, dans le besoin, constamment avec ses nécessités, pesant sur ma compassion, par moments accaparant ma compassion, chaque fois que ça lui prenait, j'en avais marre de lui et je voulais qu'il s'en aille, et peu m'importait qu'il guérisse et peu m'importait qu'il meure. C'était précisément ce que j'éprouvais, c'était la seule chose que j'éprouvais à ce moment précis quand il ne se décidait pas à mourir et quand il ne se décidait pas à vivre, je voulais seulement qu'il fasse l'un ou l'autre et puis qu'il me fiche la paix.

Je ne l'avais pas embrassé pour lui dire au revoir quand j'étais rentrée chez moi retrouver ma famille, je ne l'avais pas pris dans mes bras pour lui dire au revoir. Je lui avais dit à la fin de ma visite (quatre jours) : Au revoir ; et il avait dit : Alors c'est tout, tu m'embrasses pas ni rien ? (et il l'avait dit de cette façon, en anglais ordinaire, pas dans l'anglais qui révèle instantanément l'humiliation de l'histoire, les humiliations du passé pas remodelées en œuvre d'art) ; et j'avais dit : Oui, c'est tout, au revoir, et peut-être que je reviendrai te voir, et j'étais consciente qu'en le disant – peut-être que je reviendrai te voir – je supposais quelque chose qui n'était pas vrai du tout : que le revoir dépendait de moi, que le revoir était une chose que je pouvais décider. Je ne me sentais pas forte, j'éprouvais de la colère, ma colère était tout pour moi, et dans ma colère il y avait beaucoup de choses, pour la plupart faites de sentiments que je ne pouvais comprendre, de sentiments que je ne comprendrai peut-être jamais, de sentiments que tous ceux qui me connaissent comprennent d'une compréhension que je ne connaîtrai jamais, ou qu'une personne qui ne m'a jamais rencontrée du tout pourrait comprendre comme si elle avait fabriqué mes sentiments elle-même.

Deux mois avant la dernière fois où je l'avais revu vivant, il y avait eu un grand cyclone, et puis quelques semaines plus tard un plus petit. Le premier avait fait rage sur l'île pendant trente-six heures et causé les destructions habituelles associées à un cyclone, mais ce dont les gens parlaient par la suite, c'était le bruit du vent et de la pluie ; comme si quelqu'un se faisait tuer et que la personne qu'on tuait hurlait : « Au meurtre ! Au meurtre ! » Mon frère était cloué au lit. Il avait entendu ce bruit qui semblait être celui d'une personne disant : « Au meurtre ! Au meurtre ! » Il devait avoir entendu le bruit de grands arbres s'abattant sur les maisons, de l'eau inondant les rues, des poteaux portant les fils qui conduisaient l'électricité se fendant, puis heurtant le sol. Quand les poteaux portant les fils qui conduisaient l'électricité avaient heurté le sol, la maison dans laquelle mon frère était couché, la maison de sa mère, la maison de notre mère, avait été plongée dans l'obscurité et puis emplie d'une lumière qui avait été absente depuis de nombreuses années ; car ma mère avait sorti les vieilles lampes à pétrole et les avait allumées. La lumière de la lampe à pétrole était la seule lumière que je connaissais la nuit quand j'étais enfant.

Tout le monde dans la maison était effrayé ; ils

entendaient le désastre du cyclone qui s'abattait sur d'autres gens d'une manière spectaculaire : les habitations éventrées, les enfants qui pleuraient, les appels des gens, cris de panique, cris de frayeur, certainement pas cris de joie, certainement pas cris de bienvenue. Dans cette chambre, à l'intérieur de cette maison, mon frère était couché immobile, tandis qu'au dehors il n'y avait pas d'immobilité du tout, et qu'avait-il dit, qu'avait-il pensé, qu'avait-il ressenti ? Il n'avait rien ressenti, disait-il, il avait entendu le bruit du vent et de la pluie, il n'avait pas entendu les gens ; la lumière de la lampe à pétrole seule lui avait donné à penser (« Té tenu un lo désod' mais ça pa té ka gêné moi ; sé moun la, sé moun la pa bon moi di ou ; sé lumié la, y té ka sem' lumié en ten lonten »). Et à cet instant (et par « instant » j'entends un laps de temps qui ne correspond pas à une définition scientifique et pourtant par « instant » je n'entends pas seulement une façon de parler) j'ai senti (et peut-être me trompais-je, mais n'empêche, ce sont mes pensées sur sa mort et sur sa vie – et c'est l'une des raisons de survivre à tous les gens qui peuvent avoir quelque chose à dire de nous, ne pas leur laisser le dernier mot) que je recommençais à le comprendre – rien de nouveau, une vieille intuition, celle-là –, qu'il était un rêveur, qu'il aimait les événements surtout quand il pouvait être dedans sans qu'ils lui demandent quoi que ce soit, qu'il pouvait observer et avoir la sensation de quelque chose, mais que ce faisant il ne fallait attendre de lui qu'il sauve ni lui-même ni qui que ce soit. Je m'étais rappelé alors la première fois que je m'étais retrouvée avec lui au bout de vingt ans et où je m'étais étendue sur son lit dans la vieille cabane qu'était sa maison, la petite maison d'une seule pièce qui était la maison dans laquelle j'avais grandi, elle me semblait si grande quand j'étais enfant, j'y vivais avec ma mère (la femme qui par la suite devint aussi sa mère à lui) et mon père (l'homme qui était son vrai père et n'était pas vraiment le mien), et j'y étais très heureuse quand j'étais petite, et puis j'ai été très malheureuse dans cette maison quand j'avais grandi au sortir de l'enfance, et mon malheur dans cette maison coïncida avec sa naissance et la naissance des deux autres garçons (mes frères et ses frères) qui étaient nés juste avant lui ; et donc cette fois (1986, en janvier) où je l'avais revu pour la première fois au bout de vingt ans, j'étais étendue sur son lit et lui assis sur le seuil parlait à un ami à lui, ils faisaient des projets de carrière, ou de quelque chose ressemblant à une carrière dans la musique dub, et tous deux fumaient de la marijuana, qu'ils n'appelaient pas marijuana ; ils l'appelaient l'herbe, *the Weed*, comme si ce nom, l'herbe, en faisait quelque chose d'inoffensif, quelque chose à ne pas prendre au sérieux. Ils se moquaient de moi quand je leur disais de ne pas fumer tant de marijuana, et puis ils s'étaient mis à fumer de la cocaïne. Et par la suite, tandis que mon frère était couché à mourir dans la maison de sa mère, j'avais rencontré ce garçon, son ami, en allant voir mon autre frère qui vend des choses au marché, que j'aidais à vendre des choses au marché, et ce garçon, le vieil ami de mon frère mourant, était venu nous trouver pour acheter un soda, et il avait avec lui une femme et un enfant, pas son épouse, seulement la mère de son enfant. Tous trois étaient ensemble et c'était une famille et ils formaient un tableau si charmant, comme l'image d'une famille saine et prospère et séduisante, et en sécurité aussi. Ce vieil ami de mon frère ne me reconnut pas et je lui rappelai donc comment je l'avais connu, et malgré cela il ne me demanda pas de nouvelles de mon frère et même quand je lui parlai avec une complète franchise de l'état de mon frère, cela ne sembla pas l'intéresser du tout, et je le pressai d'aller voir son vieil ami et il dit qu'il le ferait mais il ne le fit jamais, il ne le fit pas du tout.

Quand j'étais étendue sur son lit, cette fois, en 1986, j'avais les yeux levés sur le plafond, la petite maison était vieille alors, ou du moins elle semblait vieille ; les poutres du toit pourrissaient mais d'une manière sèche, comme si la substance du bois en était lentement extraite, de sorte que la texture du bois commençait à ressembler au tissu d'un chandail ou d'une chemise de nuit, pas à quelque chose d'aussi substantiel que le bois, pas à quelque chose qui aurait pu offrir un abri à plusieurs êtres humains. La vue du toit alors, pourrissant de cette espèce de pourriture sèche, ne me suggéra rien, certainement pas que celui qui occupait alors la maison, mon frère, pourrait un jour en venir à ressembler au processus de détérioration de la maison, à s'évaporer lentement, à se dessécher lentement, à mourir et à vivre, et à vivre en ayant l'air d'être mort depuis très longtemps, momie préservée par quelque procédé perdu depuis l'Antiquité et que peuvent seulement conjecturer des archéologues.

Étendue là, j'entendais notre mère qui s'affairait dehors. Dans un climat comme le nôtre, nous vivons dehors. Quand j'étais enfant et que ma mère essayait de m'enseigner les manières de table européennes, cela se faisait dedans, nous étions tous les trois – ma mère, mon père et moi – assis à une table que lui, mon père (cet homme que je connaissais si bien, mieux que ses propres enfants – et c'était ainsi que j'en étais venue à le connaître si bien : je n'étais pas vraiment son enfant), avait fabriquée, tous deux approuvant la façon dont je gérais couteau, fourchette et nourriture, et ma bouche, tout cela convenablement disposé. Tout ce qui était étranger se faisait dedans, tout ce qui était familier et important se faisait dehors, et cela était vrai du sommeil même, car si nous nous endormions à l'intérieur de la maison, sitôt que les yeux étaient fermés et que le sommeil venait, personne ne demeurait dedans, tous les rêves, du moins était-ce ce qu'il me semblait, avaient lieu dehors ; et en tout cas, sitôt que nous nous éveillions, la première chose était d'observer l'extérieur de notre maison pour nous assurer qu'il était demeuré semblable à ce que nous avions vu pour la dernière fois, la veille au soir. Mais à ce moment-là, je le répète en 1986, quand j'étais étendue à l'intérieur de la maison dans laquelle mon frère vivait, ma mère était dehors et parlait toute seule, ou à un poulet qui était en travers de son chemin, ou aux chats qu'elle avait adoptés et qui se remettaient à peine d'un empoisonnement au poisson, comme ma mère, mais les chats étaient en retard dans leur guérison. Notre mère – et parfois je pense à elle comme à ma mère seulement, mais d'autres fois elle est la mère de mes frères aussi, et quand elle est notre mère, elle est une tout autre entité – s'était remise presque simultanément au moment où elle était tombée malade d'avoir mangé de ce poisson, un mérou, qui devait s'être nourri de quelque chose d'empoisonné dans la mer et avait rendu malades tous ceux, hommes et bêtes, qui en avaient mangé. Un chien était en travers de son chemin et elle l'invectiva, l'ami de mon frère était en travers de son chemin, elle l'invectiva et il rit, elle invectiva mon frère et il rit. Je ne me mis pas en travers de son chemin, j'étais dedans, sur le lit, étendue, mais de toute manière, j'avais cessé de me mettre en travers de son chemin, je m'étais retirée du risque de me mettre en travers de son chemin, ma position dans ma propre vie ne me permettait pas de me mettre en travers du chemin de ma mère, elle ne pouvait m'invectiver, j'avais cessé d'avoir besoin d'elle. Malgré cela, je mangeais encore la nourriture qu'elle préparait et c'était précisément ce à quoi elle s'affairait dehors à ce moment-là : à me préparer de la nourriture. C'était une très bonne cuisinière ; je n'aimais pas sa cuisine quand j'étais enfant, mais à ce moment où j'étais étendue sur le lit de mon frère, j'adorais tout ce qu'elle préparait, tout ce que je refusais de manger enfant : champignons, poisson salé et *antroba* (aubergine), fruit de l'arbre à pain, *doukona*[2]. Je me languissais de ces nourritures et j'étais si contente qu'on les prépare pour moi, et pas seulement qu'on les prépare pour moi, mais que ce soit elle qui les prépare pour moi. Ce fut quand mon frère était malade et que je me mis à aller le voir (je ne prenais pas soin de lui, j'allais seulement le voir pour lui apporter des médicaments, sa mère prenait soin de lui) que je décidai de ne plus manger une quelconque nourriture qu'elle préparait pour moi, ou d'accepter une quelconque nourriture qu'elle me proposait. Ce n'était pas une décision délibérée, elle ne fut pas prise dans la colère. Mon frère, celui qui vend de la nourriture au marché, celui qui avait cessé de parler à ma mère alors qu'il vivait dans la même maison qu'elle, préparait sa propre nourriture et ne la laissait rien préparer pour lui, n'aurait rien

2. Bouchée de patate et de noix de coco râpées, enveloppée d'une feuille de bananier et servie bouillie. (Recette communiquée par l'auteure.)

mangé de ce qu'elle préparait, si affamé qu'il pût être. Il n'avait plus d'amitié pour sa mère désormais, il n'avait plus d'amour pour sa mère désormais, il l'appelait Mrs. Drew, du nom que lui donnaient les gens ordinaires, tout simplement, Mrs. Drew ; il l'appelait seulement, se servait seulement de son nom, quand il ne pouvait l'éviter, quand s'adresser à elle sans prononcer son nom aurait attiré l'attention sur lui (quelqu'un aurait pu se demander : Pourquoi ne s'adresse-t-il pas à sa mère directement ?). Mon frère qui était en train de mourir (et il était en train de mourir ; il y avait des fois où il semblait malade, seulement malade, mais le plus souvent il était en train de mourir, voilà tout), lui aussi avant de tomber malade l'appelait seulement Mrs. Drew, mais quand la vie de sa mort le submergea, il en vint à l'appeler maman, et puis seulement m'an. « M'an », disait-il, « m'an ». À ce moment de sa vie, ce moment de 1986 où j'étais étendue sur son lit, les yeux sur les poutres de son plafond qui finiraient par me faire penser au délabrement, au pourrissement sec de son corps, il avait lui aussi cessé de manger la nourriture qu'elle préparait, cela faisait partie de la séparation qu'il souhaitait établir entre lui-même et sa famille. C'était à cette époque qu'il se proclamait rastafari et parlait constamment de Jah. Le mouvement était bon, si seulement il avait pu trouver le moyen de s'écarter d'elle, tout simplement, jusqu'à une autre planète, mais cela même n'aurait peut-être pas été assez loin.

Et j'avais donc cessé de manger la nourriture de ma mère, inspirée par les actes de deux de mes trois frères, qui étaient beaucoup plus jeunes que moi (de onze et de treize ans). Dans mon cas, consistant à ne pas manger la nourriture que ma mère me fournissait, cet acte était plein de quelque chose, je ne sais pas quoi, mais cela m'est venu longtemps après le moment où j'étais en train de le faire : au moment même où je décidais de ne plus manger la nourriture de ma mère, pensant (et sentant) que cette décision était en réalité la décision de me débarrasser d'un attachement profondément infantile à elle, je ne faisais que revivre un souvenir, parce que enfant je refusais de manger la nourriture que ma mère préparait. Quand j'étais toute petite, je mangeais seulement la nourriture qu'elle mâchait d'abord ; puis j'ai dû sortir de cela en grandissant, parce que je me rappelle que mes difficultés avec la nourriture étaient de ne rien manger du tout de ce qu'elle préparait. Ainsi le fait de ne pas manger la nourriture que ma mère préparait pour moi comme signe de la distance que je prenais avec elle était une forme de comportement dont je m'étais déjà servie voilà bien longtemps, quand je me sentais le plus proche et le plus dépendante d'elle.

Quand mon père mourut (cet homme qui n'était pas mon vrai père, mon vrai père a fini par mourir aussi, mais je ne le connaissais pas et sa vie et sa mort ne me concernent pas du tout, sauf quand je suis chez le médecin et que mon histoire médicale devient un centre d'intérêt), je vivais loin de ma famille depuis dix ans. J'appris sa mort trois mois après qu'il était mort et enterré. Ma mère et moi étions dans une de nos périodes où nous ne nous parlions pas, ni au téléphone ni par lettre. Dans le monde où je vivais alors, mon ancienne famille était morte pour moi. Je n'en parlais pas, je parlais de ma mère, mais seulement pour décrire les sentiments terribles que j'avais pour elle, les sentiments terribles qu'elle avait pour moi, avec des intonations effarées, comme s'ils étaient passionnants, tous nos sentiments, comme s'il s'était agi d'une grande histoire d'amour, quelque chose qui était en partie imaginaire, quelque chose qui était en partie un fait ; mais les parties qui étaient imaginaires et les parties qui étaient seulement des faits étaient toutes vraies. Elle n'avait pas d'amitié pour moi, je n'avais pas d'amitié pour elle, je crois qu'elle voulait ma mort, mais pas dans les faits ; je crois que je voulais sa mort, mais pas en réalité. Quand mon père mourut et qu'elle écrivit pour me le dire trois mois plus tard, je n'aurais pu savoir qu'une telle chose, la mort de cet homme, me donnerait le sentiment que rien n'aurait pu me faire bouger de l'endroit où je me trouvais quand je lus la nouvelle de sa mort. J'avais reçu la lettre juste avant Noël, et elle rendit une période pendant laquelle j'étais toujours malheureuse encore plus malheureuse. J'avais beaucoup d'amis, mais ils n'étaient pas ma famille, ils n'étaient que mes amis, ils avaient leur propre famille, je n'étais pas leur famille. J'ai sangloté. Je n'ai pas pensé que j'aurais dû mourir, moi aussi, ni consciemment ni inconsciemment.

Dans la lettre me disant que mon père (c'est-à-dire, l'homme qui n'était pas vraiment mon père mais à qui je pensais comme à mon père, l'homme qui avait rempli ce rôle dans ma vie) était mort, ma mère disait que sa mort les avait laissés sans ressources, qu'elle n'avait pas pu payer son enterrement, et que seuls les dons charitables d'autres personnes lui avaient permis d'avoir un enterrement ordinaire, pas l'enterrement extraordinaire d'un indigent, avec sa tombe anonyme et sans cortège funèbre convenable. La lettre n'était pas destinée à me faire sentir coupable. Ma mère ne connaissait rien d'un tel concept, la culpabilité en dehors d'une cour de justice, les sentiments de culpabilité résultant d'accusations lancées parmi des gens ordinaires dans leur vie de tous les jours ; elle ne connaissait la culpabilité que telle qu'elle existait dans une cour de justice, avec son décorum d'accusations et de délibérations et puis de jugements. Pour elle, elle avait simplement décrit la réalité de sa situation, mais je me sentis condamnée parce que je m'étais à ce point retirée de ma famille que les souffrances de ses membres étaient passées inaperçues de moi, et qu'au moment même où je sanglotais sur la mort de mon père je n'aurais pas fait grand-chose pour l'empêcher, et qu'au moment même où je sanglotais sur la mort de mon père et la description par ma mère de la douleur affective et du dénuement financier je n'aurais rien fait du tout pour les atténuer. Ce fut dix ans après que j'avais quitté la maison qu'il mourut, ce fut dix ans après qu'il était mort que je revis la maison et, parmi les premières choses que je souhaitais faire, je voulais voir l'endroit du cimetière où il était enterré. Mais personne ne voulait m'y emmener, ma mère dit que, comme ils n'avaient pas acheté la concession, le plus vraisemblable était que quelqu'un d'autre y était maintenant enterré, car les concessions étaient réutilisées si elles n'avaient pas été achetées par la famille du mort dans les sept ans. La tombe n'avait jamais eu de pierre tombale ; personne de sa famille n'était allé sur sa tombe depuis le jour de ses obsèques.

Et donc un jour pendant le temps où mon frère était en train de mourir, j'ai tenu à ce que ma mère et moi allions au cimetière dans lequel mon père avait été enterré ; j'avais l'idée sentimentale que peut-être mon frère pourrait être enterré à côté, aussi près que possible de son propre père. Nous avons franchi la porte de cette Maison des Morts, elle et moi ensemble, et au moment où nous l'avons fait, mes propres sentiments compliqués et contradictoires à propos des morts sont montés pour s'étendre sur le sol devant mes pieds et à chaque pas que je faisais ils avançaient aussi, comme une espèce d'ombre ; tous mes sentiments à propos des morts, volontairement irrésolus et dépassant mon pouvoir de les résoudre, étaient étendus à mes pieds, s'avançant quand je m'avançais, je le répète, comme une espèce d'ombre ; les morts ne meurent jamais, et je dis cela maintenant – les morts ne meurent jamais – comme si c'était nouveau, comme si personne ne l'avait encore remarqué : mais la mort est ainsi (je le vois bien) ; elle se produit tous les jours, mais quand on voit des gens en deuil, ils se comportent comme si c'était si nouveau, cet événement, mourir – quelqu'un qu'on aime meurt –, cela n'était encore jamais arrivé ; c'est si inattendu, si injuste, unique pour nous. Les morts ne meurent jamais, que je le dise encore une fois.

Elle et moi, moi et ma mère, avons traversé le cimetière à la recherche de la tombe de mon père, de son mari, de l'endroit où il avait été enterré, de la concession, mais elle n'arrivait pas à se rappeler où cela pouvait bien être. Ce n'était pas à l'endroit où les anglicans sont enterrés, ou à l'endroit où les catholiques sont enterrés, ou à l'endroit où les fidèles de l'église morave sont enterrés ; cela aurait pu être à l'endroit où les méthodistes sont enterrés, car à sa naissance il avait reçu le baptême méthodiste, mais quand il mourut il n'était plus méthodiste pratiquant (il n'était plus pratiquant de rien du tout, en fait, quand il mourut), et parce que ma mère n'avait pas d'argent pour payer un enterrement, le pasteur méthodiste avait refusé de l'enterrer gratuitement. Ma mère et moi allions et venions dans le cimetière à la recherche de sa tombe ; elle pensait qu'elle pouvait se trouver près d'un arbre, elle se rappelait un arbre, mais il y avait beaucoup d'arbres dans le cimetière ; elle s'est placée sous toutes sortes d'angles, cherchant à se rappeler où cela pouvait bien être, ce qu'elle avait vu à l'instant où l'on avait descendu le cercueil dans le sol, mais elle n'arrivait pas à se le rappeler. Ce qu'elle savait, c'est qu'on l'avait enterré dans la partie du cimetière réservée aux gens qui n'étaient ni anglicans, ni méthodistes, ni fidèles de l'église morave, ni catholiques, des gens qui appartenaient aux autres sectes chrétiennes, seulement elle ne savait pas où. Elle portait une jupe bleue, d'un bleu qui est la couleur de l'eau de mer, l'eau de la mer des Caraïbes quand on la voit de loin ; je ne me rappelle pas la couleur de son chemisier, et voici probablement pourquoi : à mesure que nous allions et revenions sur nos pas, çà et là, le regard sur le sol, nous entendions des lézards détaler dans les broussailles sèches alentour ; le cimetière avait l'allure de tout le reste dans de telles contrées, dès qu'on aura tourné le dos, tout s'effondrera, réduit à l'état de décomposition sèche ; elle et moi avons cessé de marcher et nous étions immobiles quand soudain un lézard est venu jusqu'à ma mère et a sauté sur sa jupe pour se mettre à grimper comme s'il tenait à l'escalader jusqu'en haut par-devant. Elle ne s'est pas enfuie avec un cri strident, comme je l'aurais fait si cela m'était arrivé ; non, elle est restée sur place et d'une secousse s'est débarrassée du lézard, pas d'une façon calme, ni prise de frénésie, ni avec frayeur, à sa façon voilà, d'une secousse elle s'est débarrassée du lézard. En se débarrassant du lézard, elle a dit qu'elle espérait que ce n'était pas un de ces gens-là, c'est-à-dire les morts, venu lui dire quelque chose qui lui donnerait envie de les rejoindre (« He, he ! Oufou ! a pa moi yo ké kimbé non »), et elle a dit cela avec un rire. Tout s'est passé si vite que je n'ai pas eu le temps de m'enfuir en poussant un cri strident, ce que j'ai le sentiment de vouloir faire chaque fois que je me rappelle cela ; je n'étais pas pleine de calme, je n'étais pas pleine de frénésie ou pleine de frayeur ; je suis seulement toutes ces choses ensemble chaque fois que je me rappelle cela.

Ce fut pendant cette visite que je me suis mise à parler de ma mère à la manière d'autrefois, la manière dont je le faisais avant d'avoir écrit au sujet de ma vie avec elle, d'une voix effarée, comme si moi-même, même moi, je ne pouvais croire les choses que je disais, ne pouvais croire que je connaissais vraiment une telle personne. Quand j'ai parlé à mon mari de ce lézard, il a dit « Vraiment ? » et il souriait en le disant, et je me suis demandé si j'avais l'air de raconter des histoires, comme un enfant dans les livres que je lisais quand j'étais enfant, ou comme un enfant dans certains des livres que je lis maintenant à mes propres enfants. À « Vraiment ? » il me fallait répondre : « Oui, oui, vraiment ! » Ceci aussi s'est bel et bien produit : dans la maison, mon frère était lentement en train de s'évaporer ; dehors, toute chose était elle-même, ni en ordre ni en désordre, elle-même voilà. Je regardais ma mère faire quelque chose d'ordinaire, écailler des poissons sous un arbre, mais alors j'ai remarqué que l'arbre, autrefois un corossolier, avait cessé d'être lui-même, tout ce qu'il restait de lui était son tronc calciné. De la manière d'Américaine privilégiée qui est maintenant la mienne (ma voix emplie de pitié à la pensée de la moindre destruction pourvu que mes grands désirs ne restent pas insatisfaits en quoi que ce soit), j'ai demandé à ma mère ce qui était arrivé à l'arbre, et elle, sans faire vraiment attention à moi, me dit que l'arbre était devenu un objet de contrariété pour elle et donc qu'elle y avait mis le feu pour le brûler entièrement. Et voici la façon dont l'arbre était devenu un objet de contrariété pour elle : ma mère était allée rendre visite à certains des parents qui lui restaient à la Dominique, ceux qui n'étaient pas morts et lui parlaient encore. Pendant son séjour, elle avait mangé un fruit de la passion et son goût lui avait tant plu qu'elle en avait empoché les graines, et quand elle était rentrée à Antigua, elle les avait plantées et elles avaient poussé avec une telle vigueur qu'elles étaient devenues trop grandes pour leur premier support, un treillage confectionné d'un sommier et de tôle ondulée, et s'étaient ensuite accrochées dans le corossolier, qui s'était affaibli sous ce fardeau. Le corossolier affaibli avait alors attiré une colonie d'insectes parasites, et tandis qu'ils vivaient dans le corossolier les insectes parasites avaient prospéré et s'étaient multipliés ; cela n'était pas surprenant du tout, c'était prévisible. Les insectes parasites, dans leur confort et leur prospérité, s'étaient répandus et avaient commencé à infester la maison. Ma mère avait tenté de les contenir avec des insecticides (importés d'Amérique du Nord), insecticides aux ingrédients si toxiques qu'ils ne sont pas accessibles aux consommateurs d'Amérique du Nord. Les insectes parasites ne pouvaient être contenus, ils ne pouvaient être anéantis, et c'était ce que ma mère voulait, que les insectes parasites soient anéantis. Ce qui l'animait en l'occurrence n'a rien d'inouï, le désir d'anéantir toutes les choses qui sont un objet de contrariété, toutes les choses qui interfèrent avec le déroulement sans heurts de notre journée, journée qui devrait produire pour nous un sentiment de satisfaction complète, une espèce de bonheur même ; un tel désir paraît tout à fait normal, il a même des précédents historiques. Les insectes parasites refusaient de s'en aller, et donc un jour elle arrosa leur source, le corossolier, de pétrole lampant et y mit le feu. Le corossolier brûla ; le parasite qui lui était associé, la passiflore, brûla aussi. Je n'étais pas là pour être témoin de cet enfer, l'incendie de l'arbre, de la plante grimpante et des insectes parasites. Mais j'ai été plongée dans le désespoir, car il m'est apparu de nouveau que le puissant sentiment que ma mère a d'elle-même n'est pas une chose que je m'étais imaginée. Et j'ai été heureuse que seuls un corossolier, une passiflore et quelques insectes aient empiété sur ce sentiment. Il est possible que, dans un autre genre de circonstances, la forme du monde aurait pu être altérée par sa présence. Mais cette femme, ma mère, n'avait que quatre personnes à façonner en êtres humains.

Je n'ai pas vu le corossolier et ses parasites (passiflore, insectes) périr dans l'embrasement que ma mère causa ; je n'ai pu que l'imaginer. Bien longtemps après que cela avait eu lieu, une graine isolée d'un fruit de la passion poussa juste devant la barrière qui séparait la maison de ma mère de la rue. Elle s'éleva à une cinquantaine de centimètres, elle resta exactement de cette taille pendant longtemps ; après le passage du cyclone et quand j'ai vu mon frère pour la dernière fois, j'ai remarqué que la passiflore avait cessé d'exister. Tant de choses se produisaient au moment où j'ai remarqué cela, l'absence de la passiflore qui avait existé, que j'ai seulement pu la remarquer, sans y attacher une signification particulière, mais elle a une signification tout de même. Et de l'endroit d'où j'apercevais la passiflore rachitique – car c'est ce qu'elle était, rachitique, incapable de continuer, incapable de régresser, elle ne pouvait pas encore mourir – je n'apercevais plus le corossolier, je n'apercevais plus les restes de son tronc calciné, seulement le ciel bleu au-dessus. Je n'ai pu que l'imaginer sous ce ciel bleu, un ciel innocent, un ciel dont l'apparence semblait dire que rien d'important n'avait jamais pu avoir lieu en dessous. Mais en détournant à peine le regard du tronc calciné du corossolier on découvre l'endroit où la vieille pile de roches galettes de ma mère était autrefois, et ce fut à cet endroit que jadis la vie de mon frère et la mienne se sont croisées, et cela a un sens aujourd'hui seulement parce que ma propre vie peut lui en faire avoir un. À ce moment de la vie de ma mère, quand son plus jeune enfant, mon frère qui était en train de mourir, naquit, la vie de ma mère (une vie qu'elle avait peut-être envisagée, ou une vie qui était devenue un cauchemar ; comment pouvais-je, comment puis-je le savoir ?) s'écroula (j'ai senti cela à l'époque, je le vois maintenant). Son mari (l'homme qui n'était pas vraiment mon père à moi, le vrai père de mon frère) était vieux et malade et ils ne pouvaient assurer convenablement la subsistance de la famille qu'ils avaient fondée. Je ne cessais de me voir demander de renoncer à une chose ou à une autre qui avait jusqu'alors occupé mes loisirs, puis à une chose ou à une autre qui était essentielle (mes études), pour m'occuper de ces petits enfants qui n'étaient pas les miens. À treize ans, à quatorze ans, à quinze ans, cela ne me plaisait pas, les autres enfants de ma mère ne me plaisaient pas, même ma mère ne me plaisait pas à l'époque ; les livres me plaisaient, lire des livres me plaisait, rien ne me plaisait tant que ne me plaisait la lecture d'un livre, un livre quel qu'il soit. Mon plus jeune frère avait deux ans quand un jour il fut laissé à ma charge, ma mère le confia à mes soins pendant qu'elle allait faire des courses ; peut-être savais-je ce qu'étaient ces courses, mais je ne le sais plus, je ne me rappelle pas ce qu'elle avait à faire pour me laisser seule m'occuper de lui. Mr. Drew, notre père (mais son père à lui, pas vraiment le mien), n'était pas à la maison. Mais il me plaisait de lire un livre beaucoup plus qu'il ne me plaisait de m'occuper de lui (et même maintenant il me plaît de lire un livre plus qu'il ne me plaît de m'occuper de mes propres enfants, mais m'occuper de mes propres enfants est quelque chose que je ne puis décrire en termes de cela me plaît ou pas ni en aucun autre), et dès cette époque, j'aurais dit que j'aimais les livres mais ne l'aimais pas du tout lui, sinon que je l'aimais parce que j'étais censée l'aimer et qu'aurais-je pu faire d'autre ? Toute la journée je fus laissée à m'occuper de lui, et toute la journée, au lieu de le faire, je lus un livre, un livre dont le titre ou l'intrigue ou quoi que ce soit d'autre – je ne me les rappelle pas maintenant. Le jour dut passer à un rythme calqué sur l'allure à laquelle je tournais les pages (et je reconnais que cette façon d'exprimer l'événement est romanesque, littéraire même, car le jour dut passer comme il passe d'ordinaire sans se soucier de moi en particulier ou en général) de sorte qu'en finissant de lire le livre je me rendis compte que le jour touchait à sa fin et que ma mère rentrerait bientôt. Entre le moment où j'arrivais à la fin du livre et celui où ma mère rentrerait à la maison, il ne restait que quelques minutes, seulement des minutes pour les corvées dont l'accomplissement aurait dû me prendre une journée entière. Je fis les choses dont je pensais que ma mère s'apercevrait immédiatement ; changer la couche de mon frère n'était pas du nombre. Ce fut la première chose dont elle s'aperçut, et maintenant seulement je puis dire (parce que je le vois) « évidemment ». Mon frère, celui qui était en train de mourir, qui est mort, qui, pendant qu'il était en train de mourir, ne pouvait aller seul aux toilettes et maîtriser à son gré les contractions de ses intestins, étant alors un petit garçon, âgé de deux ans, portait des couches et avait besoin que quelqu'un les change de temps en temps quand elles étaient sales. Ce jour-là (et je ne me rappelle pas si c'était un lundi, un mardi ou un mercredi, mais je sais avec certitude que ce n'était ni un samedi ni un dimanche), où j'avais lu au lieu de m'occuper de lui, je ne m'aperçus pas qu'il y avait dans sa couche un petit tas des selles de mon frère. Et quand ma mère rentra de ses courses – et s'en aperçut donc – le tas de selles avait durci et pris la forme d'un poids, comme on en utilise dans une épicerie ou au marché aux poissons ou au marché à la viande ou au marché où l'on vend seulement des provisions en poudre ; il avait la taille d'un poids d'une livre. Et dedans, cette image des selles durcies de mon frère, un souvenir, un moment de ma propre vie est figé ; car sa couche était déformée par un poids qui n'était pas de l'or mais son contraire, un poids dont la valeur ne nous apporterait pas de bonne fortune, un poids qui soulignait seulement le désespoir de notre famille : nos destins, nos perspectives n'étaient pas plus que le contenu de la couche de mon frère, et ce contenu n'était que de la merde. Quand ma mère vit sa couche qui n'avait pas été changée, ce fut la compréhension de cela qui déchaîna en elle une fureur contre moi, une fureur si féroce que je crus (et c'était à l'époque, mais maintenant encore, bien des années plus tard, je ne suis pas convaincue du contraire) qu'elle voulait ma mort, mais pas d'une façon qui conduirait aux complications de prendre en compte mon existence réelle puis son effacement, car elle était ma mère, ma vraie mère à moi, et mon effacement de sa propre main lui aurait coûté quelque chose à l'époque ; mon effacement maintenant, mon absence maintenant, mon absence permanente maintenant, ma mort maintenant, avant la sienne, lui donnerait un sentiment royal, triomphal d'avoir survécu à tous ses inférieurs : ses inférieurs sont ses rejetons. Elle porte magnifiquement le deuil, elle est admirable dans le deuil ; si je devais jamais porter le deuil, c'est le modèle, l'exemple, que j'imiterais. À cette étape de ma vie j'avais quinze ans, mon frère avait deux ans – j'étais incapable de l'aider à comprendre sa vie à elle. L'homme qu'elle avait épousé était malade et ne pouvait plus vraiment bâtir de maisons désormais, ne pouvait plus vraiment fabriquer de meubles désormais ; peut-être l'avait-elle aimé un moment, peut-être l'avait-elle aimé à divers moments, je ne l'ai jamais su, mais il y avait un enfant de presque deux ans, il y avait un enfant de presque quatre ans, il y avait un enfant de presque six ans. C'étaient tous ses enfants à lui. Je n'étais pas de lui, je ne faisais pas partie de la vraie débâcle qu'était sa vie à elle, et je le répète, pire que tout, je ne pouvais l'aider à en sortir. Je m'obstinais à lire des livres. Dans un accès de colère que je me rappelle si bien, comme si c'était une catastrophe naturelle, comme si c'était un cyclone ou l'éruption d'un volcan, ou tout simplement la fin du monde, ma mère alla chercher mes livres, tous les livres que j'avais lus, y avait des livres que j'avais achetés, mais avec de l'argent que j'avais volé, y avait des livres que j'avais volés tout simplement, car une fois que j'avais lu un livre, quelle que soit sa qualité littéraire, je ne pouvais m'en séparer. (Je n'avais alors aucun sens de la qualité littéraire, la qualité littéraire étant un luxe, le luxe étant absent de mon existence sauf quand je voyais une illustration de ce que cela pouvait bien être sur le fer-blanc d'une boîte de poudre bon marché importée d'Angleterre et cette image du luxe démontrait seulement à quoi cela pouvait bien ressembler si l'on n'avait pas à travailler du tout, et le luxe était donc présenté comme le mépris du travail et de toute association avec l'insipidité du quotidien.) Un chaudron de paroles – voire un monde, peut-être – aurait pu en résulter, mais pas entre nous, d'ailleurs à cette époque il aurait été à sens unique, car j'étais incapable de répondre. Mais il y eut un moment où dans sa fureur contre moi pour n'avoir pas pris soin de ses erreurs (mon frère avec le paquet de merde dans ses couches, son père qui était malade et ne pouvait subvenir convenablement aux besoins de sa famille, qui même quand il allait bien avait fondé une famille dont il ne pouvait convenablement assurer la subsistance, son erreur d'avoir épousé un homme si dépourvu, si dépourvu) elle alla chercher dans tous les recoins de notre jardin, sous notre maison, sous mon lit (car j'avais bel et bien une telle chose et ce n'était pas ordinaire, cela, dans notre famille, pauvre, dépourvue de toute tradition de vie privée individuelle, et si c'est une bonne chose, si tous les êtres humains devraient aspirer à une telle chose, la vie privée, leurs pensées connues d'eux seuls, débattues et ruminées par eux seuls, je ne le sais pas) et en chacun de ces lieux elle trouva mes livres, les choses qui s'étaient mises entre moi et l'écoulement sans heurts de sa vie, ses nombreux enfants aux besoins desquels elle ne pouvait subvenir, aux besoins desquels elle et son mari (l'homme qui n'était pas mon propre père) ne pouvaient subvenir, et dans cette fureur, dont elle était consciente alors mais qu'elle ne se rappelle pas maintenant, mais qu'à son grand regret je me rappelle, elle ramassa tous ceux de mes livres qu'elle put trouver et, les posant sur sa pile de roches galettes (celle sur laquelle elle blanchissait les taches qui étaient, dans l'ordinaire de la vie, apparues sur nos vêtements blancs), elle les aspergea de pétrole lampant (le pétrole de la lampe à la lumière de laquelle j'avais accoutumé de me fatiguer à lire certains des livres que j'étais sur le point de perdre) et puis elle y mit le feu. Ce que je ressentis quand cela arriva, au moment exact où mes livres furent détruits par le feu, ce que je ressentis après que cela arriva, la destruction de mes livres par le feu, immédiatement après que c'était arrivé, peu après que c'était arrivé, longtemps après que c'était arrivé, je ne le sais pas, je ne me le rappelle pas. En fait, je ne me rappelais même pas que c'était arrivé, cela n'avait pas de place dans les nombreux événements horribles que je pouvais réciter à des amis, ou les nombreux événements horribles qui ont façonné et fait naître et vivre la chose que j'allais devenir, une écrivaine. Cet événement, ma mère brûlant mes livres, la seule chose que je possédais dans la vie qui s'ébauchait alors pour moi, tomba dans la platitude de ce cliché, le souvenir refoulé, et c'est là qu'il serait demeuré à jamais si un jour, au cours d'une visite, installée chez moi dans ma maison, lieu dont l'existence semblait particulièrement miraculeuse – sa présence servait seulement à souligner cela –, elle n'avait dit à une amie que sans sa vigilance je n'aurais pas fini dans la maison et la situation que j'occupais désormais mais plutôt avec dix enfants de dix hommes différents. Et elle avait une anecdote pour illustrer ce fait : à l'en croire, quand j'avais à peu près l'âge auquel l'existence de mes frères – de tous mes frères – devint aussi ma responsabilité (alors qu'ils n'étaient pas mes enfants, que je n'étais pour rien dans leur présence en ce monde), un garçon du nom de Lindsay avait accoutumé de venir chez nous pour demander s'il pouvait emprunter certains de mes livres. Ce garçon faisait seulement semblant d'aimer les livres (ma mère savait instinctivement cela à l'époque, et elle le savait avec certitude au moment de sa visite chez moi) ; ce qu'elle croyait qu'il voulait était me séduire pour finir par devenir l'un des dix pères des dix enfants que j'aurais pu avoir. Un jour, dit-elle, s'étant fatiguée de sa ruse, elle lui dit que je n'avais pas de livres, que je n'étais pas une bibliothèque, ne s'en était-il pas avisé ? La personne à qui ma mère avait raconté cette anecdote me la répéta seulement quand elle pensa que ma façon de juger ma mère était devenue trop dure, me l'avait seulement répété pour me démontrer que ma mère avait fait de son mieux et avait agi de cette façon dans le seul but de m'empêcher de connaître une vie difficile, de me rendre possible d'avoir la vie que j'avais quand ma mère était venue me rendre cette visite. J'avais oublié la destruction de mes livres par le feu, je me la suis rappelée quand mon amie m'a dit les choses que ma mère avait dites. Et puis ce détail : le nom du garçon, Lindsay, rien que ce garçon, son nom, son authentique intérêt pour les livres, un intérêt que je partageais avec lui, et puis son absence, mais au moment de sa soudaine absence je ne l'avais pas remarquée, je n'en avais pas ressenti de manque, en tout cas je ne me rappelle pas l'avoir fait. Et puis des années et des années plus tard, après la destruction de mes livres par le feu et les événements qui y avaient conduit, et la visite de ma mère au cours de laquelle cette confondante révélation se produisit, longtemps après tout cela, quand mon frère, celui que j'avais négligé quand on l'avait laissé à ma charge, celui qui était en train de mourir du sida, avait été hospitalisé parce qu'il mourait presque avant de mourir vraiment, couché dans la chambre d'hôpital où on avait mis mon frère quand on avait diagnostiqué cette maladie, il y avait un homme du nom de Lindsay, et quand je suis allée lui rendre visite, à ce Lindsay, parce que je devais le faire, personne d'autre ne le faisait, il était traité avec la même négligence, le même manque d'égards, la même frayeur que mon frère l'avait été par le personnel de l'hôpital. J'ai eu l'impression de le reconnaître, il ressemblait à ce garçon qui avait accoutumé de venir me demander mes livres, mais je n'aurais pu affirmer si c'était lui ou si je voulais seulement que ce soit lui, de façon que tous ces événements de ma vie se rejoignent : mon frère mourant, le souvenir de mes livres brûlés parce que j'avais négligé mon frère qui était en train de mourir quand il était petit, un garçon du nom de Lindsay qui aurait pu être l'un des pères de mes nombreux enfants, le ce qui s'était vraiment passé, le ce qui aurait pu se passer vraiment, et comment cela avait conduit à ce qui était en train de se passer réellement. Et puis d'un autre côté, d'un autre côté.

Ce genre de comportement, ce genre de sentiment, si hystériques, si tristes, quand quelqu'un est mort, ne sont pas du tout de mon goût et je voudrais les éviter. Ce n'est pas comme si tout ça n'était encore jamais arrivé, ce n'est pas comme si les gens ne mouraient pas depuis toujours et que chacun de ceux qui restent était le premier à rester ainsi dans le monde. Que faut-il en conclure ? Pourquoi tout un chacun ne peut-il s'y habituer ? Les gens naissent et ils ne peuvent pas durer toujours c'est tout, et s'ils ne peuvent pas durer toujours, alors il faut qu'ils s'en aillent, mais c'est si dur, si dur pour ceux qui restent ; c'est si dur de les voir partir, comme si ce n'était jamais arrivé, et si dur que cela ne pourrait arriver à nul autre, nul autre que nous ne peut survivre à ce genre de perte, voir les gens s'en aller, les voir nous abandonner ; on ne veut pas s'en aller avec eux, on veut seulement qu'ils ne s'en aillent pas.

Lors du dernier séjour que j'ai fait pour voir mon frère, le séjour où je me suis querellée avec lui (pas lui avec moi) et ne l'ai pas embrassé ou serré dans mes bras pour lui dire au revoir et lui ai même dit que je ne voulais pas l'embrasser ou le serrer dans mes bras, et ne lui ai pas dit que je l'aimais (et il n'a pas dit qu'il m'aimait, quelque chose qu'il avait dit bien des fois jusque-là), j'ai passé une journée à la recherche du Dr Prince Ramsey. Mon frère souffrait beaucoup. Un flot de pus jaune lui coulait de l'anus constamment ; l'intérieur de sa bouche et tout le pourtour de ses lèvres étaient couverts d'une substance blanche et luisante, le muguet. L'ancien cabinet du Dr Ramsey, qui se trouvait à deux pas de la maison de ma mère, la maison dans laquelle mon frère était couché à mourir, avait été détruit par les cyclones (Luis, puis Marilyn) et son cabinet provisoire était loin, sur All Saints Road (la route qui mène à un village appelé All Saints) et dans un bâtiment qui n'avait pas été détruit par les cyclones, peut-être parce qu'il n'avait pas besoin de l'être, tant il était déjà délabré, un bâtiment appelé Hôtel Bougainvillea. Il n'était pas à son cabinet mais devait y revenir assez vite et je me suis jointe à un groupe de gens assis dans des fauteuils qui attendaient, attendaient le médecin. Et nous avons attendu, pas dans la joie, pas dans la colère, mais plus comme si nous étions dans un état de contemplation, comme si nous découvrions le panorama entier de la vie depuis ses antiques débuts dans le passé jusqu'à sa fin inévitable dans quelque avenir, et que nous l'acceptions avec indifférence, car qu'aurions-nous fait d'autre ? Et telle est la façon dont les gens attendent, les gens dans le monde entier attendent de cette façon, quand ils sont sans pouvoir ou pauvres, ou les deux en même temps. Et après que j'ai attendu un moment, son infirmière, femme qui avait toujours été si gentille avec moi et bonne pour mon frère, me passant toujours le Dr Ramsey immédiatement chaque fois que je téléphonais, demandant toujours des nouvelles de mon frère et lui manifestant de la compassion, elle dont je n'avais jamais pu me rappeler le nom, me dit que je le trouverais très vraisemblablement à un enterrement à deux heures cet après-midi-là, enterrement d'un garçon qui avait quatre ans.

Les obsèques – du moins la partie des obsèques qui avait lieu à l'église – étaient célébrées à l'église méthodiste ; je connaissais bien cette église, j'y avais été baptisée, mais cela devait avoir eu lieu en semaine, pas un dimanche, parce que ma mère et mon père n'étaient pas mariés au moment où j'avais été conçue, ma mère et mon père ne furent jamais mariés du tout ; quand ma mère était enceinte de moi d'environ sept mois, elle et mon père s'étaient querellés et ne s'adressèrent plus jamais la parole, sauf devant un tribunal, sauf quand j'étais devenue une femme adulte et qu'il se plaignit à elle de quelque chose que j'avais écrit, qu'il n'avait pas lu parce qu'il ne savait pas lire, et qu'elle lui avait dit certains mots, qu'elle l'avait invectivé, et donc je n'avais pas de parents, j'avais seulement une mère et un père et ils ne s'étaient jamais mariés et je ne pouvais donc avoir été baptisée à l'église méthodiste un dimanche, seulement en semaine, alors qu'un service funèbre aurait pu être célébré pour moi n'importe quel jour de la semaine. Et c'était dans cette église que j'avais été reçue ; c'est-à-dire, que j'étais devenue digne de prendre part à la sainte communion, et je me rappelle ce passage de ma vie comme empli de frayeur, et je me rappelle m'être sentie déjà déçue et déjà défaite, déjà désespérée, pensant et sentant que je me tenais sur un rebord fragile et qu'à tout moment je risquais de tomber dans un étroit trou noir qui représenterait la totalité de mon existence terrestre : j'avais le sentiment que je haïssais ma mère, et pire encore, j'avais le sentiment qu'elle me haïssait, aussi ; mon frère Devon, celui qui était en train de mourir à ce moment-là, avait un an et je ne souhaitais pas sa mort ; je souhaitais seulement qu'il ne soit jamais né, parce que c'était sa naissance qui avait plongé notre famille dans la détresse financière, sa naissance et la maladie de son père ; et puis, ce fut autour de cette époque que son père et sa mère et la mienne, qui étaient mariés, avaient cessé de se plaire (« amoureuse » n'est pas une chose que je peux imaginer à propos de ma mère ni, par conséquent, « cesser d'être amoureuse ») mais ne firent rien à cet égard, parce qu'il (le père) était trop vieux et qu'elle (ma mère) est au faîte de son intelligence quand elle se débat en pleine crise. Sa vie est une longue suite de crises.

Et dans cette église ce jour-là, l'église méthodiste de Saint John's à Antigua (où j'avais été baptisée et reçue, et où mon frère, qui était alors en train de mourir, avait été baptisé enfant, mais pas reçu, car lorsqu'il avait atteint quatorze ans d'âge, notre père, Mr. Drew – son vrai père, un père qui n'était pas vraiment le mien –, était malade, et occupait presque toute l'attention de notre mère, de sorte qu'il échappait à l'influence de notre mère), il y avait un service funèbre pour un garçon de quatre ans que je ne connaissais pas et j'étais à la recherche du médecin qui pourrait peut-être tenir en respect le service funèbre d'un homme que je connaissais. Le Dr Ramsey n'était pas dans cette église pleine de monde ; son épouse était là, belle femme à mon avis, mais lui, le Dr Ramsey, n'était pas là, il était à l'hôpital, ou en visite au domicile de quelqu'un, ou alors n'importe où, mais il n'était pas à l'église. L'église était pleine ; les premiers rangs étaient occupés par les parents du petit mort et les membres de leur famille, et aussi par ses petits camarades d'école. Les petits camarades d'école semblaient tendus et malheureux (mais il se pourrait que je me sois seulement imaginé cela, peut-être, si je le leur avais demandé, auraient-ils dit qu'ils n'étaient pas malheureux d'être à l'enterrement d'un camarade de classe, qu'ils se sentaient autre chose, pas malheureux) et pour une bonne raison, car ils devaient pour finir chanter un hymne sur l'amour que Jésus porte aux petits enfants en particulier. Ce petit garçon-là était mort depuis deux semaines, mais l'enterrement avait été retardé jusqu'à ce que les membres de sa nombreuse famille puissent venir de tous les coins de la terre où ils s'étaient éparpillés avec détermination et gratitude, car l'île sur laquelle ils étaient nés ne pouvait assurer leur subsistance, elle pouvait assurer la subsistance d'autres gens, des gens natifs d'Europe surtout, mais elle ne pouvait assurer leur subsistance à eux, les membres de la famille de ce garçon ; l'ironie de tout cela est que le petit garçon n'était pas d'Antigua, il était des États-Unis ; ses parents l'avaient adopté, ils avaient les moyens de le faire, d'adopter quelqu'un d'un pays lointain ; quelqu'un du voisinage n'aurait fait que confirmer leur médiocrité. Mais ce petit garçon d'un pays lointain, désormais mort, et suivant seulement le chemin des gens venus du voisinage ou de très loin, le chemin de l'éternité, était dans un cercueil placé immédiatement en retrait du portail de l'église. Ce cercueil était censé avoir l'apparence d'une boîte dans laquelle des bijoux précieux étaient déposés : il était recouvert de velours blanc, mais cela lui donnait plutôt l'air bon marché, comme le mobilier de la salle de séjour des pauvres dans les pays riches.

Ses plus proches parentes étaient toutes vêtues de vêtements faits de la même étoffe – une soie blanche dans laquelle était tissée une quelconque image du royaume végétal, pas du royaume animal – mais pas tous de la même coupe ; les hommes étaient en costume, le genre de costume que les hommes de partout portent quand on dit d'eux qu'ils sont en costume. Et cette scène dans l'église de mon enfance, les écoliers debout à quelques mètres seulement de leur ancien petit camarade désormais mystérieusement (car c'est l'impression que j'aurais eue si j'avais été l'une d'entre eux) disparu, mais en même temps et sans aucun doute dans cette belle (si l'on était un enfant) boîte de velours, les parents et leur famille en deuil, tristes, même s'ils étaient vêtus avec tant d'élégance, tant de soin, de beauté à vrai dire, la surface de leur vêtement tellement en conflit avec l'événement réel – un enterrement ; l'église avec ses grandes fenêtres ouvertes, ses grandes portes ouvertes, bâtie bien des années auparavant par les ancêtres des gens qui étaient dedans, ou certainement bâtie par les ancêtres de gens qui ressemblaient aux gens qui étaient dedans ; l'épouse du Dr Ramsey, dont le fils avait été camarade de classe du petit mort ; les gens immédiatement à l'extérieur de l'église qui n'étaient que des passants et n'avaient aucun intérêt dans les événements qui avaient lieu dans l'église mais seulement désireux peut-être d'être les témoins directs, non par le canal de quelque média à distance, de l'infortune de quelqu'un (le petit mort, ses parents, leur famille), de la souffrance présente de quelqu'un : le mort, ou ceux qui étaient apparentés à quelqu'un d'assez infortuné pour être mort – tout cela ne me rendait pas triste alors, c'est seulement maintenant quand j'y pense que je suis triste, au moment où j'embrassais du regard le spectacle entier, par instants j'éprouvais du dédain, par instants j'éprouvais du triomphe, par instants j'éprouvais une stupeur craintive, par instants, j'éprouvais de l'ébahissement, par instants j'avais une révélation ; mais jamais je n'ai éprouvé de tristesse à ce moment-là. Au cimetière où le petit garçon serait enterré, j'éprouvais de la curiosité, je souhaitais bien regarder le visage de la mère du garçon, car à la vue de son fils dans son cercueil qu'on descendait dans le sol, elle avait vomi un épais liquide incolore et les autres membres de la famille et le reste de l'assistance ne l'avaient pas regardée, car s'il n'y avait rien d'inhabituel du tout à ce qu'une mère s'effondre à la vue de son fils disparaissant à jamais de sa vue, le comportement de cette mère-là n'allait pas avec sa robe. Sa robe était si blanche, virginale, convenable et propre, ce n'était pas la chose à porter pour avoir des haut-le-cœur, des nausées sèches – son estomac avait fini par se vider même de l'épais liquide incolore. Et les membres de l'assistance ne la regardaient pas, non seulement parce qu'il aurait été impoli de le faire, mais aussi parce que les gens de la contrée dont je suis originaire n'aiment pas l'expression trop vive d'un sentiment, ils aiment seulement le geste d'exprimer vivement un sentiment, et puis après le geste ils aiment rentrer chez eux et parler d'autre chose, conversation dans laquelle le tchip, cette manière de froncer les lèvres en une moue pour aspirer l'air avec force, se fait entendre très souvent. Et maintenant produire ce son, le tchip, me donne une étrange sensation à l'estomac, comme si j'étais à bord d'un vaisseau naviguant sur des eaux où je n'ai encore jamais navigué, et où le courant ne m'est pas familier, et que j'allais vomir, seulement rien vomir de consistant, rien qu'un liquide incolore et peu épais.

Mon ami Bud (de Bud et Connie, Bud et Connie Rabinowitz) m'a dit qu'il trouvait étrange la façon dont les gens d'Antigua considèrent la maladie, que, quand une personne est malade, nul n'y fait allusion, nul ne lui rend visite ; mais si la personne vient à mourir, il y a foule à l'enterrement, il y a des bouquets, les gens chantent des hymnes pour le mort avec beaucoup de sentiment. Il était un homme du nom de Freeston (et il *était* vraiment car il n'*est plus* désormais), et c'était et c'est, autant que je sache, la seule personne à avoir reconnu publiquement qu'il était affligé du virus VIH ; en rendant sa situation publique, il espérait s'acquitter d'un service public. Il prit la parole à la radio, il parut à la télévision, il donna des causeries devant des groupes d'écoliers, c'est peut-être à cause de la réaction au fait qu'il s'était publiquement présenté comme une personne atteinte du sida que nul à Antigua ne le fera de nouveau. Le médecin qui l'avait toujours soigné refusa de le voir après que Freeston lui eut annoncé son état ; les gens ordinaires le trouvaient bête (« Y fé ka fouté couillonnade ») ; un jour que j'étais allée lui rendre visite et que nous étions assis sur la véranda de la maison de sa mère, un groupe de collégiens passa et ils le traitèrent de ma-commè'e et firent d'autres allusions à son homosexualité dans un langage haineux ; c'était un chœur d'intimidation, de mépris, d'ignorance. Freeston était trop malade pour s'en émouvoir, et aussi il en avait tout à fait l'habitude (« Ça pa ka gêné moi »). Sa mère était de cette génération de femmes d'Antigua (les plus âgées, du même âge environ que ma mère ou plus âgées) qui ne connaissaient pas l'homosexualité, ou aucun genre de sexualité. Dire qu'il était gay ou homosexuel était quelque chose qu'il disait de lui-même ; dire qu'il était un ma-commè'e était quelque chose que les gens disaient de lui. Elle le comprenait mieux quand il était la personne dont les gens disaient quelque chose, pas quand il était la personne qui disait quelque chose de lui-même. Mais quoi que les gens disent de lui, quoi qu'il dise de lui-même, ça n'avait pas d'importance pour sa mère, elle prenait soin de lui, il vivait avec elle dans une maison avec un beau jardin plein de zinnias et de cosmos et de quelques impatiens et de toutes sortes de buissons au feuillage vernissé et diapré. Elle était si différente de la mère de mon frère (ma mère) ; elle avait l'air de ne pas juger, d'accepter, presque sans penser (mais cela n'est pas possible) ; la mère de mon frère (ma mère) était l'exact opposé de toutes ces choses, et c'était bien ça : la mère de mon frère (ma mère) jugeait seulement, n'acceptait jamais, avait de nombreuses pensées ; elle était (est, car elle est encore) intelligente, son intelligence est comme une arme, et qui l'a détruite, et qui a détruit certains de ses enfants : son fils, mon frère, était alors en train de mourir. Freeston mourut. Il était allé à Miami pour être soigné, il était allé à Londres pour être soigné, rentrant de Londres, il était descendu de l'avion en fauteuil roulant, et puis il était allé dans la maison de sa mère, où il mourut. Je ne connais aucun détail de sa mort, sa mort ne fut pas tristement célèbre, seul son chemin jusqu'à sa mort le fut.

Et mon frère mourut, car il ne cessait de mourir ; chaque fois que je me rappelais qu'il était mort, c'était comme s'il venait à cet instant-là de mourir, et toute l'expérience recommençait ; mon frère était mort, et je ne l'aimais pas ; ou, en tout cas, je ne l'aimais pas de la façon que j'en étais venue à comprendre l'amour, quelque chose de si immédiat qu'il était toujours devant moi, même quand je lui tournais le dos pour m'en éloigner, quelque chose de si immédiat qu'il était comme la respiration elle-même. Mes enfants étaient comme ça, la respiration même ; leur père était comme ça, la respiration même ; mais mon frère n'était pas comme ça, je pouvais respirer facilement (et je respirais facilement) quand il n'était pas devant moi, il avait grandi sans que je le voie faire (je l'avais vu quand il avait trois ans et ne l'avais plus revu avant ses vingt et un ans). J'aime les gens dont je suis issue et je n'aime pas les gens dont je suis issue, et je ne sais pas vraiment ce que cela signifie de le dire, sinon qu'une telle chose, pas d'amour maintenant et beaucoup d'amour maintenant, ces sentiments ne sont pas permanents, ou peut-être pas permanents. Un jour quelque chose peut arriver et je comprendrai que toutes les choses que j'éprouve maintenant, qui n'ont pas du tout l'air d'être de l'amour (le mot dont je me servirais pour décrire mes sentiments à l'égard de ma famille, des gens que j'ai faits miens : mon mari, mes enfants, mes amis, bien que ce mot « ami » soit si mince pour expliquer cette épaisseur), sont en fait de l'amour, que j'aimais mon frère et les autres gens dont je suis issue, ma mère, mes autres frères, et Mr. Drew (le père de mes frères, qui fut un père pour moi, encore qu'en même temps pas mon père du tout).

Sa bouche si blanche, fleurie de muguet ; ses lèvres si rouges, en feu, brillantes de fièvre ; sa peau noircie comme si son quotient normal de pigment (normal d'une façon qui lui était unique, il descendait surtout d'Africains) était augmenté du débit de quelque source terrifiante : son visage était comme un masque, et ce alors qu'il était encore vivant, ou se ramenait encore à quelque chose qu'on peut appeler être vivant ; j'entends qu'il respirait, qu'il parlait et absorbait des nutriments, et que des fluides de différentes textures lui sortaient de l'anus, et ces fluides n'avaient pas de parfum, ils avaient une odeur, et seule une personne formée à l'ignorer (infirmière, médecin) ou une personne qui le connaissait en profondeur (sa mère) pouvait la tolérer, ou n'en être pas gênée, ou dire « Mais que faire ? » (sa mère encore) avec cet air de totale résignation, de totale acceptation qui vainc toujours toute tentative d'en tirer quelque chose, de l'interpréter, de lui donner un sens rehaussé, ou embelli, ou étroit, ou même neutre. Ses odeurs amenaient seulement sa mère (ma mère) à dire : « Mais que faire ? » Et disant cela, elle changeait ses draps, ses couches, ses vêtements, mais ne pouvait s'empêcher de garder toujours le même ton de désagrément devant les ennuis qu'il lui causait et les ennuis qu'il lui avait causés depuis le début, quand elle avait espéré qu'il ne naîtrait pas, et puis qu'il était né, et que notre famille n'avait pu pourvoir aux besoins de sa présence additionnelle, et que notre père était tombé malade, et qu'on m'avait expédiée au loin pour atténuer une catastrophe familiale que je n'avais pas créée et je ne l'aimais pas parce que je ne le connaissais pas, et puis je l'ai connu de nouveau mais alors il était en train de mourir et donc « Que faire ? » ce qu'à ce moment-là tous les membres peut-être de ma famille (cette famille que je ne pouvais pas m'empêcher d'avoir) disaient comme un refrain presque constant : « Que faire ? », et nous faisions des choses, mais aucune d'entre elles ne l'empêchait de mourir, et le moment où il s'est rendu compte que « Que faire ? » n'empêcherait pas cela (sa mort) est un moment si universel, si commun ; comme je voudrais qu'il ait pu simplement me dire : « Que faire, que faire ? »

Et après qu'il était mort, la blancheur de sa bouche, la rougeur de ses lèvres, l'inhabituelle noirceur de sa peau, jusqu'à sa souffrance même ont commencé à me donner l'impression parfois que je les avais inventées, mais pas sa mort elle-même, car chacun se la rappelait volontiers et s'y référait volontiers (« Je suis vraiment désolé pour votre frère »), et ma mère se désolait de son absence (« I ka manké moi, ou sav, i ka manké moi »).

Pas vraiment plus d'une semaine après qu'on l'avait enterré dans l'argile jaune et tiède du cimetière d'Antigua, j'ai repris la vie que sa mort avait interrompue, la vie avec ma propre famille, et la vie d'avoir écrit un livre et de convaincre les gens d'aller tout simplement l'acheter. J'étais à Chicago, lieu dont je n'ai que des souvenirs décousus : quand j'avais dix-neuf ans, quatre fillettes étaient à ma charge (j'étais domestique dans leur famille) et j'avais passé l'été à m'occuper d'elles pas loin de Chicago, et j'avais un petit ami qui s'appelait Ed et lui et moi sommes allés voir quelqu'un de célèbre qui jouait de la guitare et chantait des chansons à Chicago ; ma fille et moi sommes allées un jour en train voir des parents de son père à Chicago, et pendant que nous y étions nous sommes allées au planétarium et y avons vu un film extraordinaire sur la formation de l'univers, et après cela nous n'avons pas pu trouver de taxi pour nous reconduire à la gare (la raison étant qu'aucun taxi ne se montrait, les visiteurs du planétarium étaient apparemment venus dans leur propre voiture) et j'ai eu si peur de manquer notre train de nuit pour Albany, dans l'État de New York, que j'ai fondu en larmes, et que ma fille, me voyant pleurer, s'est mise à pleurer aussi, mais alors tout à coup un taxi s'est montré et nous sommes arrivées au train à l'heure et nous avons dîné dans le train et dormi toute la nuit et pris notre petit déjeuner le matin dans le train et nous en sommes descendues pour rentrer chez nous sans histoires, et je veux retourner à Chicago en train, mais seulement quand je suis jeune, il est beaucoup trop tard pour ça maintenant ; et encore à Chicago, je change d'avion quand je vais de l'est à l'ouest des États-Unis. Voilà comment Chicago m'apparaissait à l'esprit quand j'y pensais mais cela a changé après que mon frère est mort.

J'étais à Chicago et il faisait si froid que j'aurais dû me plaindre, mais j'étais d'humeur si joyeuse et si accommodante que même quand un monsieur, juste avant de me faire asseoir devant lui pour me poser des questions sur le livre que j'avais écrit, m'étreignit et pressa ma poitrine contre la sienne, et fit descendre ses mains le long de mon échine jusqu'à mon derrière avant de les remonter, je n'ai soulevé aucune objection, me contentant de le noter et de me demander ce qu'avaient pu être les hauts et les bas de sa vie et ce à quoi il avait pu ressembler quand il était gamin et ce à quoi il avait ressemblé quand il était homme, avant de devenir ce vieux monsieur qui me passait les mains de haut en bas et de bas en haut dans le dos et sur le derrière dans une pièce où il y avait pas mal de gens et beaucoup de lumière ; et je m'assis pour lui parler, et puis je partis m'asseoir pour parler à d'autres gens, hommes et femmes, tantôt en face, tantôt par téléphone, et je ne leur disais jamais que mon frère venait de mourir, que j'étais dans la douleur, une douleur pour laquelle je n'avais pas de vrais mots, une douleur que je ne savais comment expliquer, une telle chose ne m'était encore jamais arrivée, cette perte arrive à d'autres gens tout le temps, leurs cheveux en virent au gris, perdent toute leur belle pigmentation naturelle : brune, noire, blonde, ou une quelconque combinaison des trois, et ils deviennent gris, de la couleur des choses qui meurent, ou certainement de la couleur des choses qui connaîtront la mort. Mais je n'avais jamais été comme ça jusqu'à ce que mon frère meure, malgré tous les gens dont j'avais été proche qui étaient morts, je n'y avais jamais cru, au fait même qu'ils étaient morts ; je sais maintenant que je pensais à eux comme s'ils étaient ailleurs, en un lieu où j'avais cessé d'aller, ou n'étais jamais allée et n'irais jamais, car ils étaient là et j'étais ici et avais choisi d'être ici et de ne pas les rejoindre du tout ; ils n'étaient pas morts, ils étaient seulement ailleurs. Et ce n'était pas absurde : car j'avais passé une bonne part de ma vie loin des gens qui étaient beaucoup pour moi et qui étaient au nombre des premiers à avoir compté pour moi ; il m'est arrivé de ne pas voir ma mère pendant vingt ans, alors même que ma première pensée était pour elle le matin et ma dernière pensée pour elle le soir, et presque toutes mes pensées pour elle étaient pleines d'une haine intense, mais elle était en vie et hors de ma vue et je me rappelais si bien sa haine pour moi – je n'ajouterai pas de qualificatif à cela, sa haine pour moi, je ne le modifierai pas, c'était ainsi et pas autrement : ma mère hait ses enfants. Mais que ma mère puisse devenir morte, je n'avais jamais imaginé cela.

Chicago encore : comme il faisait froid cette fois-là, si froid que je voyais le lac, le lac Michigan, de mon lit dans la chambre de mon si bon hôtel, mon lit si confortable et fait deux fois par jour, une fois le matin et puis encore au début de la soirée quand je sortais dîner ou parler avec certains de tous ces gens en personne ou par téléphone, et que le lac était gelé, toute l'eau qu'il contenait étroitement ramassée sur elle-même, toute rétractée en glace et la glace était bleue, pas un bleu engageant, comme le ciel parfois, ou la mer parfois, mais un bleu qui est la couleur d'une robe qui pourrait coûter si cher que seules deux ou trois personnes au monde auraient les moyens de l'acheter, comme le bleu de quelque chose qui serait très loin dans une autre partie de l'univers, tel était le bleu de l'eau gelée du lac cette fois-là ; et il faisait si froid que tout le monde en parlait. Ce qu'il fait froid, disaient-ils, d'abord comme si c'était une surprise et puis comme si c'était une punition : « Ce qu'il fait froid ! » Il faisait froid, à l'opposé exact de la terre et de l'atmosphère où mon frère venait d'être enterré, et ce froid me permettait de penser à lui sans parler de lui à qui que ce soit ou rien dire de ma douloureuse situation, et ce au moment où je semblais connaître un tel triomphe, où un livre que j'avais écrit intéressait des gens qui ne savaient rien du tout de moi (car n'est-ce pas là un désir des gens qui ayant écrit un livre permettent qu'on le publie et qu'on l'expose à un public : que des gens qui ne les connaissent pas, de parfaits inconnus, achèteront le livre et le liront et puis l'aimeront ?). Ils ne savaient pas que j'avais souffert une grande perte : quelqu'un dont je ne savais pas que je l'aimais était mort, quelqu'un que je ne voulais pas aimer était mort, et cette mort avait quelque chose d'une porte qui se ferme, quelque chose d'une disparition au-delà de l'horizon, la fin, une fin, rien… et pourtant, que faire ? Car c'est la fin et pourtant tant de choses s'attardent.

Mais. Je lisais des extraits du livre que j'avais écrit à un auditoire dans une librairie (et ma lecture n'était pas compliquée par mes sentiments de compassion pour la propriétaire de cette petite librairie, qui avait ses propres soucis sur la férocité du capitalisme et la férocité du marché – les deux choses étant synonymes et rendant sa capacité à gagner sa vie de la façon qu'elle avait choisie difficile – et la férocité de la vie elle-même, et bien qu'elle n'ait jamais dit cela, je croyais comprendre, j'avais le sentiment, qu'elle estimait que sa propre valeur l'exemptait de tout cela, marché, capitalisme, vie elle-même ; je la comprenais, puisque j'éprouve exactement le même sentiment à propos de moi-même), et l'auditoire était très gentil et j'étais pleine de gratitude qu'il y ait tant de gens, parce qu'il faisait si froid, et je voyais certains des parents de mon mari dans l'auditoire et cela me rendait heureuse, parce qu'il est si facile d'aimer les gens qu'on ne connaît pas vraiment mais dont on a seulement la forte conviction qu'on devrait les aimer parce qu'ils nous rappellent peut-être les gens que nous aimons le plus au monde, les gens que nous avons choisis, et donc j'étais heureuse, d'une certaine façon, ou presque heureuse, d'une certaine façon. Et puis, comme la salle commençait à se vider, je vis un visage que je reconnaissais pour l'avoir vu ailleurs. Je ne savais où, sinon que je savais que ce n'était pas dans un rêve, ou quelqu'un qui avait fait partie de ma vie intime dans le passé (mon passé intime étant ma jeunesse, qui était pleine de curiosité, de conviction et de courage et comme j'y ai survécu, à mon passé intime, je ne le recommencerai jamais tout simplement) ; ce n'était que le visage d'une femme à la peau ténue (il était vide de pigment et si ténu de couleur) et aux cheveux courts, comme un garçon qui a été méchant et une partie de sa punition est d'avoir la tête tondue : une humiliation. Et à ce visage je dis : « Bonjour », hésitante, incertaine, car j'ai tant de fois salué un visage familier avec enthousiasme pour voir seulement la personne me dire qu'elle ne me connaît pas du tout et ne m'a encore jamais vue. Et je n'ai jamais l'impression qu'elle souhaite me connaître plus ou me revoir. Et j'avais donc dit : « Bonjour », et cette personne dit : « Bonjour », et quand je dis que j'avais l'impression de la connaître, elle répondit que oui, nous avions participé à un groupe de soutien aux malades du sida à Antigua trois ans plus tôt. Je dis : Ah, oui, et je me rappelai cet après-midi entier pendant lequel le groupe de soutien aux malades du sida avait écouté le Dr Ramsey et visionné ses diapos dépeignant toutes sortes d'étapes de maladies sexuellement transmissibles avec des organes sexuels qui semblaient si décomposés que le spectateur pouvait presque sentir l'odeur de la décomposition rien qu'en les regardant. Et je me rappelai cette femme, supérieure et vaguement dédaigneuse de ce qui l'entourait en général (mais je ne lui en faisais pas grief, j'avais éprouvé le même sentiment, en plus marqué, seulement, peut-être) et lançant des reproches et faisant des dénonciations (et je ne lui faisais pas grief de cela, j'étais bien vainement allée jusqu'à écrire un petit livre dans lequel je ne faisais que lancer des reproches et faire des dénonciations) et aboutissant en général à ce que tous ceux qui étaient présents à la réunion souhaitent un peu qu'elle ne soit pas là, pas à la réunion, mais quelque part dans le monde où elle ferait un bien dépassant l'imagination, mais à cette réunion, pour qui se prenait-elle ? Elle était beaucoup plus gênante que la femme à la peau épaisse qui avait des opinions bien arrêtées sur la malice des Blancs et la bonté des Noirs – ses propres paroles – et cependant je ne serai jamais surprise par l'aversion que les êtres humains peuvent éprouver à l'encontre les uns des autres, car même moi je trouvais outrageantes ses façons d'arriver à ses opinions (mais ce n'est qu'une façon polie de dire maintenant qu'au moment où elle disait ces choses, s'il y avait eu un dépôt d'ordures acceptable pour les êtres humains qui disaient des choses ordurières, je l'aurais déposée dessus. Mais d'où aurais-je tiré un tel pouvoir ?). Toutes ces pensées me submergèrent, sans me paralyser pourtant, mais j'en fus submergée tout de même, m'efforçant de la replacer dans ces instants alors nouveaux où je venais de découvrir que mon frère était en train de mourir, allait mourir, et que je ne l'aimais pas, ou ne reconnaissais pas les sentiments que j'avais pour lui comme étant de l'amour, mais ressentais une telle responsabilité, l'obligation, de lui venir en aide d'une manière ou d'une autre. Et le simple fait de voir le visage de cette femme me fit dire la chose que je n'avais pas dite du tout, la pensant seulement par-devers moi, un moi distinct de celui qui faisait la lecture dans la salle ; j'avais pensé : Mon frère vient de mourir, mon frère a fini par mourir ; mais à elle je dis, tout simplement : « Mon frère est mort » ; et elle dit tout simplement : « Je sais. »

Quand elle dit cela, « Je sais », tout un monde roula devant moi, il ne tomba pas d'un bureau pour s'écraser comme les dômes de verre miniatures emplis d'eau que mes enfants collectionnent et pour lesquels ils me demandent toujours d'ouvrir l'œil quand je vais dans un endroit nouveau, et ces dômes remplis d'eau, avec un petit simulacre de scène collé à leur base, scène comportant un symbole d'une ville ou d'une figure associée au plaisir de l'enfance, ne cessent de tomber des bureaux ou des commodes de mes enfants, tombent comme ça de haut pour s'écraser, et l'eau et la scène d'une ville ou la scène associée au plaisir de l'enfance s'éparpille partout sur le plancher, et puis tout cela devient bientôt invisible à l'œil nu, mais la plante d'un pied nu sent ses restes invisibles et le dôme fracassé devient alors à l'esprit quelque chose de dangereux et de sinistre parce qu'on peut le sentir mais jamais le voir. Et donc ce ne fut pas un dôme miniature rempli d'eau avec une scène d'un genre quelconque réduit en miettes que cette femme dont j'avais déjà vu le visage, dont j'avais déjà entendu la voix mais qui pour l'heure à Chicago disait « Je sais », évoqua pour moi. Ce ne fut pas cela du tout ; ce fut plutôt quelque chose qui se déroule, un tapis, une feuille de papier, et je savais que cela renfermerait une surprise, mais je n'en fus pas effrayée, j'étais indifférente à la frayeur à ce moment-là, mais seulement à ce moment-là ; d'ordinaire je ne suis pas indifférente à la frayeur du tout, d'ordinaire je suis tout à fait effrayée des conséquences de la chose que je m'apprête à faire, mais je la fais de toute manière. Mais ce « Je sais ». Sa voix doit sûrement avoir été compatissante, elle doit avoir baissé la tête, je baisse toujours la tête quand j'éprouve de la compassion ou quelque chose de tendre pour des gens qui ont besoin de compassion. Elle a seulement dit : « Je sais. » Et j'ai dit : « Comment le saviez-vous ? » Et j'ai dit : « Vous connaissiez mon frère ? » Et elle a dit oui. Et puis elle a dit qu'elle était lesbienne et qu'elle avait vécu à Antigua et la profonde tristesse que lui causaient le mépris et la dérision qui accablaient l'homosexuel masculin ; les hommes homosexuels n'avaient nulle part où aller à Antigua, dit-elle, nul lieu où se rencontrer simplement et être ensemble sans avoir peur, et elle avait donc ouvert sa maison et fait savoir que tous les dimanches les hommes qui aimaient d'autres hommes pourraient venir chez elle dans l'après-midi pour profiter de la compagnie les uns des autres. Mon frère, dit-elle, était un visiteur fréquent chez elle. Elle a seulement dit tout cela. Le dimanche, des hommes qui étaient homosexuels venaient chez elle, un endroit sûr pour être ensemble, et mon frère qui venait de mourir était souvent chez elle, pas comme spectateur de la vie homosexuelle mais comme participant à la vie homosexuelle.

Une grande tristesse déborda en moi, et la source de cette tristesse était le sentiment que j'avais toujours eu au plus profond à son sujet : qu'il était mort sans jamais comprendre ou savoir, ou être capable de faire savoir au monde dans lequel il vivait, qui il était ; que qui il était vraiment – pas le sentiment singulier d'une identité mais toutes les complexités de qui il était – il ne pouvait l'exprimer pleinement : la peur qu'on lui rie au nez, la peur de rencontrer le mépris des gens qu'il connaissait le mieux l'emportaient sur tout, et il ne pouvait vivre avec tout cela ouvertement. Son homosexualité est une chose, et le fait que je suis devenue écrivaine en est tout à fait une autre, mais cette vérité n'est pas perdue pour moi : je n'aurais pas pu devenir écrivaine pendant que je vivais parmi les gens que je connaissais le mieux, je n'aurais pas pu devenir moi-même pendant que je vivais parmi les gens que je connaissais le mieux – et je les connaissais le mieux seulement parce que j'étais issue d'eux, j'étais l'une d'entre eux, et si souvent j'avais le sentiment d'être eux – et ils étaient – ils sont – les gens qui auraient dû m'aimer le mieux du monde entier, les gens qui auraient dû me donner le sentiment que l'amour des gens autres qu'eux était suspect. Et sa vie se déroula devant moi, pas comme une carte qu'on vient de trouver, ou un morceau d'un vieux papier qu'on vient de trouver, sa vie se déroula et il y avait tout à voir et il n'y avait rien à voir ; dans sa vie il n'y avait pas eu de floraison, sa vie était l'opposé de cela, une floraison, sa vie était comme le bouton qui s'apprête à s'ouvrir en une fleur mais qui, au lieu de cela, vire au brun et tombe à vos pieds.

Et dans le déroulement il y avait beaucoup de choses, toutes renfermées dans la mémoire (mais sans la mémoire que resterait-il ? Rien ? Je ne sais pas). La Guyanaise avec laquelle il avait couché sans protection après avoir su qu'il était infecté du virus VIH ; la fille (tout à fait une autre) qui l'avait vu prendre le soleil sur la véranda de l'hôpital cette première fois où il avait été gravement malade et où les médecins pensaient qu'il mourrait en trois jours – elle l'avait fort bien connu, elle s'était plus d'une fois laissé séduire par lui d'une façon ou d'une autre, mais quand elle le vit si maigre à l'hôpital, si faible, mon frère se doutait bien qu'elle avait entendu les bruits qui couraient sur lui (ils étaient vrais mais il ne pouvait se l'avouer à ce moment-là, et elle n'en était pas vraiment sûre), et la manière qu'elle avait eue de prendre ses distances avec lui lui avait causé une grande douleur (il était en train de mourir et aurait dû être au-dessus de ça, mais mourir était très nouveau pour lui à ce moment-là) ; et la cour qu'il faisait aux infirmières du cabinet du Dr Ramsey, qui connaissaient sa situation, et il savait qu'elles connaissaient sa situation, et donc leur mépris (elles ne le cachaient pas) devait être particulièrement douloureux, mais je ne savais pas, il ne pouvait pas (je le vois maintenant) me le faire savoir ; et puis d'un autre côté leur mépris lui était douloureux parce qu'en ce mépris son secret de ne pas vouloir vraiment les séduire elles, de vouloir vraiment séduire quelqu'un qui n'était pas du tout comme elles, un homme, devenait clair pour lui, lui était manifesté, et donc la duplicité de sa vie, qui était une chose qu'il pouvait gérer d'ordinaire, dans chacune des situations qu'il vivait au jour le jour, devait être annulée à ces moments-là, et peut-être se désespérait-il que les murs séparant les parties de sa vie se soient écroulés, et cela pourrait lui avoir causé beaucoup d'anxiété, et une telle chose, l'anxiété quand elle paraissait sur son visage, devait me sembler à moi, qui ne savait rien de sa réalité intérieure, une autre espèce de douleur, une douleur que je serais peut-être capable de soulager avec les médicaments que j'avais apportés du Nord prospère, mais je ne savais pas alors, je sais seulement maintenant. Et dans ce Maintenant, je peux comprendre pourquoi un homme, un professeur, mais pas un vieux professeur, avait pu désirer l'emmener en voyage à Trinité, rien qu'eux deux ensemble, et que mon frère ne puisse payer son propre passage n'avait pas fait obstacle à ce projet ; mais tout cet épisode du professeur – un homme – qui voulait l'emmener en voyage, en vacances, le pourquoi en est clair pour moi maintenant, le côté pourquoi de la chose ; je n'ai posé cette question qu'au moment où il était en train de mourir, et puis encore après qu'il était mort.

Et puis d'un autre côté, en pensant à cette femme dans la librairie à Chicago, ses cheveux blancs coupés court et plaqués sur son cuir chevelu (mais pas d'une manière contrainte, ils étaient plaqués sur sa tête tout à fait naturellement), à la façon dont elle surgit du froid bleu et humide et de la nuit obscure, avec son histoire de rencontres secrètes et régulières le dimanche après-midi dans un climat diamétralement opposé à celui dans lequel nous étions, moi, même moi, avec tout mon raffinement du Nouveau Monde (ce Nouveau Monde dans lequel je vis maintenant a commencé en 1492 et pour des raisons très commodes il tient beaucoup à ce statut, « Nouveau Monde », les gens de partout ailleurs, pour une myriade de raisons, ont besoin qu'il soit un « Nouveau Monde »), je me suis demandé, et puis j'ai douté, et j'ai oscillé de l'un à l'autre, si elle me disait quelque chose de vrai ou seulement quelque chose qu'elle souhaitait dire : Votre frère venait chez moi parce que ma maison lui offrait un cadre pour être lui-même, le vrai lui-même, un lui-même qui aimait l'intimité profonde et la compagnie d'autres hommes, un lui-même dont il avait honte et qu'il avait peur de montrer à qui que ce soit en dehors des gens qui approuvaient et partageaient son secret. Et j'ai regagné ma chambre à l'hôtel, la chambre d'où je voyais l'eau du lac Michigan, immobilisée, gelée, de couleur bleue, mais les eaux gelées du lac Michigan étaient d'un bleu qui ne ressemblait à aucun bleu que mon frère ait jamais connu, il n'était pas comme le bleu de l'océan Atlantique aux Antilles (l'océan Atlantique en Nouvelle-Écosse ou à Martha's Vineyard n'est pas bleu du tout, c'est un gris, un gris qui signale le début de la fin des choses) ; il n'était pas non plus comme le bleu de la mer des Caraïbes, autre étendue d'eau que mon frère a peut-être bien connue ; oh, mais il l'a bien connue, je l'ai vu nager dedans, et par la suite, quand il était en train de mourir, il me donna son manuel scolaire, une histoire des

Antilles. Non, c'était un bleu captif, ce bleu du lac Michigan, un bleu qui contenait en lui de la retenue, de la contrainte et en même temps de la destruction ; elles n'étaient pas permanentes cette eau gelée et cette couleur du lac que je voyais de mon hôtel, et chacune des chambres de cet hôtel coûte beaucoup d'argent, un argent que mon frère aurait pu vouloir et même imaginer, mais à ce moment-là il était mort, je l'avais enterré une semaine environ auparavant, et je pouvais seulement regagner cette chambre qui coûte tant et imaginer mon frère, sa vie, et la mienne, qui était tout le contraire de la sienne. J'étais vivante, je ne courais le danger de ne plus l'être que de la façon habituelle, l'avion à bord duquel je volais d'un lieu à un autre pouvait dégringoler du ciel, un vaisseau de mon cerveau pouvait se rompre soudain, mon cœur pouvait être immobilisé comme si quelqu'un avait tendu la main pour l'arrêter, comme une pendule sur un mur, comme le jouet mécanique que mon fils remonte et fait marcher et puis, pour une raison qui ne fait plaisir qu'à lui seul, pose dans la paume de sa main, pressant tout son mécanisme jusqu'à ce qu'il s'arrête tout bonnement, ma vie pouvait finir à la manière de toutes ces choses. À ce moment précis, elle ne l'avait pas fait, pas encore, pas pour le moment, et en cet instant où je suis assise perdue dans ma contemplation (mais je ne suis pas sûre d'être capable de contempler), je me rappelle la vie de mon frère, je me rappelle ma propre vie, ou du moins une partie de ma propre vie, car ma propre vie se poursuit encore, je l'espère, et chaque instant de son présent façonne son passé et chaque instant de son présent façonnera son avenir et n'en influence pas moins la façon dont je vois son avenir, et de savoir tout cela me laisse avec ce sentiment : Et puis maintenant, quoi, et donc, oui, quoi maintenant ? *Quoi maintenant !*

Mais le sentiment que sa vie avec sa métaphore du bouton de fleur fermement préparé, fleurissant, et puis la fleur fanant, la fleur posant une graine qui portait en elle une autre série de boutons, conduisant à des fleurs, et ainsi de suite, et ainsi de suite pour l'éternité – ce sentiment que sa vie aurait dû fournir pour de bon une telle métaphore, une image si ordinaire, si commune et si accueillante si elle avait été ainsi, ne pouvait me quitter ; et j'étais hantée par tout ce qui était arrivé depuis qu'il était mort et par tout ce qui était arrivé avant qu'il meure, et par tout ce qui arrivait tandis que je quittais la ville de Chicago et sa vue sur le lac gelé et bleu, un bleu qui n'était pas permanent, un bleu qui changerait avec la saison (une chose que mon frère ne connaîtrait jamais, un changement de saison, car il ne quitta jamais l'endroit où il était né).

Un jour, cherchant une nouvelle robe pour une cérémonie au cours de laquelle mon mari devait recevoir un prix, j'ai acheté une robe blanche avec des rayures bleues, robe qui me plaisait (bien que ce ne soit pas la robe que j'ai fini par porter pour la cérémonie, j'ai acheté par la suite une robe blanche unie et c'est elle que j'ai portée pour la cérémonie) parce qu'elle me faisait penser à une robe portée par des enfants (mais c'était une robe que ma propre fille, qui avait dix ans à l'époque, n'aurait jamais portée, trop enfantine, aurait-elle dit), et peut-être l'avais-je achetée parce que je devenais tout juste assez vieille (j'avais quarante-six ans) pour vouloir de nouveau l'innocence et assez vieille pour convaincre tout observateur que l'apparence d'innocence à mon âge était censée être mon innocence réelle à l'âge où j'étais réellement innocente. J'ai acheté cette robe ; elle était de style Empire, elle avait des fronces sous la poitrine, elle me descendait juste au-dessus des chevilles. C'est la robe que j'ai portée à l'enterrement de mon frère. Je l'avais achetée au moment où je pensais célébrer l'honneur qui était fait à mon mari mais c'est la robe que j'ai portée à l'enterrement de mon frère, et au moment où je la portais à son enterrement, je me suis dit : Je ne porterai plus jamais cette robe, je ne pourrai plus jamais porter cette robe, et au moment où j'écris cela, c'est vrai : je n'ai plus jamais porté cette robe. J'ai essayé de la donner, mais la personne à laquelle j'ai essayé de donner la robe était trop vieille pour elle, elle avait soixante et un ans, et elle était trop petite pour elle, la robe traînait par terre, et elle était trop forte pour elle, la fermeture à glissière dans le dos ne se fermait pas au-dessus de sa ceinture. Et l'avion que j'ai pris pour aller à son enterrement était bleu, et le ciel dans lequel l'avion volait était bleu, et il y avait le blanc des nuages ; et l'eau entourant la terre, le sol dans lequel il a été enterré, cette eau était bleue, et cette eau, l'eau qui entoure la terre dans laquelle il a été enterré, était parfois mouchetée de blanc, l'écume causée par la ruée des vagues quand elles se jetaient contre le rivage. Mais la couleur bleue ne courait pas à travers tous mes souvenirs, ou toutes mes expériences ; dans l'ensemble, chaque scène, chaque souvenir demeuraient eux-mêmes, rien qu'eux-mêmes, et parfois une certaine couleur peut rendre un souvenir plus vif et parfois, aussi, il n'en est rien du tout, absolument rien du tout ; parfois un souvenir est sans couleurs, un rêve est souvent comme ça, sans couleurs, mais absence de couleurs ne veut pas dire absence de vérité, ou de cette vérité qu'on peut comprendre simplement comme ce qui n'est pas faux. Oh, comme j'aurais voulu ne jamais repenser à lui, ne jamais voir du bleu et dire : « Que pensait Devon de cela, une telle couleur ? », ni penser : Voici le bruit de quelque chose qui me rappelait Devon, ou quelque chose qui, si Devon en avait entendu parler, l'aurait projeté dans un monde dans lequel il aurait pu retarder sa mort, ou simplement narguer son inévitabilité, car sa mort était inévitable, comme l'était la mienne (comme l'est la mienne, mais à cette époque de sa vie, ma propre mort aurait été un accident ou une surprise, pas une chose à laquelle qui que ce soit se serait attendu).

Et puis il est mort, pas au milieu de la nuit, qui était l'heure de sa naissance, mais très tôt le matin, vers cinq heures, l'heure à laquelle je suis née, et je connais l'heure de sa naissance parce que j'y étais, et je connais l'heure de ma naissance et l'heure de sa mort parce que notre mère me les a dites et, tout au long de la nuit pendant laquelle il était en train de mourir, il a appelé, appelé sans cesse le nom de ses frères, et il a appelé sa mère. Il l'appelait « m'an » alors, un diminutif de « maman », mais quand il allait bien et quand il était jeune, il l'appelait « Mrs. Drew », qui est son nom de femme mariée. Quand il allait bien et quand il était jeune, il n'aimait pas se montrer en rien dépendant d'elle, aussi l'appelait-il comme toute personne ordinaire l'aurait appelée, mais peut-être était-ce seulement pour déguiser la grandeur du besoin qu'il avait d'elle, car jamais, au grand jamais, il ne bâtit un foyer séparé de sa mère. Il a appelé ses frères ; il a appelé, « Dalma » : Dalma était le frère dont il était le plus proche et ils avaient joué au cricket ensemble quand ils étaient petits, et ils étaient ensemble quand Mr. Drew, leur père, le mari de notre mère, mourut à l'hôpital, tout seul, une nuit, après avoir eu une attaque ; ils étaient à la maison ensemble au moment même où Mr. Drew avait eu l'attaque.

C'était Dalma qui lui avait donné, à Devon, le nom de « Rapiécé », parce qu'il aimait mettre des pièces de tissu de diverses couleurs un peu partout sur ses vêtements, qu'ils aient ou non besoin d'une telle chose, une pièce. Et Dalma le saluait de ce nom quand il – Dalma – rentrait à la maison d'un de ses trois métiers (« Ka ou fé, ti mal Rapiécé, sa ka ma'ché ? »), et les gens qui l'avaient connu quand il était gamin, élève à l'école de garçons, l'appelaient ainsi : « Rapiécé ». Et quand il était en train de mourir, il a appelé Dalma, il disait : « Dalma », le seul nom par lequel il avait jamais appelé ce frère-là. Son autre frère s'appelait Joseph, et on l'appelait en général Joe, seulement Devon l'appelait « l'Élégant », parce que quand ils étaient gamins Devon avait remarqué que Joe faisait très attention à son apparence et s'habillait toujours d'une façon qu'on pourrait appeler élégante, et Joe lui était donc connu sous le nom de « l'Élégant » et je ne sais pas si Joe a jamais apprécié d'être appelé ainsi, car ces deux frères ne s'entendaient pas, et quand Devon apprit pour la première fois qu'il allait mourir, cela le fâchait tant de voir Joe en bonne santé, cela le fâchait tant de penser que Joe continuerait à vivre après qu'il serait mort et hériterait de sa petite maison, la construction semblable à un cercueil que leur mère avait bâtie pour lui, ou toute autre chose qui était à lui (« En' faché ou sav, en' faché, en' pa voulé i né butin à moi »). Et pourtant « l'Élégant » est la dernière chose qu'il a dite, seulement ça, « l'Élégant », et puis il y a eu le silence, un silence si ordinaire que ma mère pensa qu'il s'était enfin endormi, épuisé d'avoir appelé le nom de sa mère et celui du frère dont il était proche (qu'il « aimait » doit être le mot) et celui du frère qu'il n'appréciait pas tant que ça, le frère dont il ne supportait pas l'idée qu'il hériterait de la petite maison qu'il avait habitée. Quand le silence tomba, comme ma mère fut soulagée alors, elle me le dit par la suite, et quand elle me le dit, elle était pleine de chagrin, et j'avais de la compassion pour elle alors, mais toujours pas d'amour, seulement de la compassion, et une certaine répulsion, comme si je sentais que ce qui venait de lui arriver – son enfant était mort, elle allait enterrer un de ses enfants – était une maladie contagieuse et qu'à simplement l'approcher, à simplement être si près d'elle, je risquais de l'attraper, cette chose d'enterrer ses enfants quand ils sont encore si jeunes, quand ils n'ont pas vraiment vécu du tout.

Et cette nuit-là il était en train de mourir dans l'obscurité de cette petite chambre, à l'âge de trente-trois ans, sans aucune des attaches traditionnelles qui sont d'ordinaire celles d'un homme de son âge – trente-trois ans –, il n'avait pas d'épouse, pas de compagne d'un genre ou d'un autre, pas d'enfants, il n'était pas propriétaire ni même locataire de sa maison, son lit n'était pas à lui (j'étais allée chez un marchand de meubles un jour pour acheter celui sur lequel il était couché à mourir, et quand j'avais fait cela, je m'étais rappelé son père, Mr. Drew, réparant le berceau dans lequel il était couché quand il était un bébé nouveau-né, mais ce berceau avait d'abord été fait pour Joe et puis remis à neuf pour Dalma et puis remis à neuf encore pour sa naissance ; je ne me rappelle pas qu'on ait accordé trop d'attention à ce berceau quand il arriva, parce que son arrivée poussa la famille au bord d'un précipice dans lequel nous sommes tous tombés, notre famille ne fut plus jamais la même après sa naissance).

Il avait lu dans un roman écrit par moi l'histoire d'une mère qui avait essayé sans y parvenir, et essayé sans y parvenir, d'avorter du troisième et dernier de ses trois enfants mâles, et quand il était en train de mourir il me demanda si cette mère était sa mère et si cet enfant était lui (« Es sé moi ti neg' la yo té voulé jété ? ») ; en réponse, j'étais partie d'un grand rire Ha ! Ha ! et j'avais dit non, le livre qu'il avait lu est un roman, un roman est une œuvre de fiction ; il ne me dit pas qu'il ne croyait pas ma réponse et je ne lui dis pas qu'il n'aurait pas dû croire ma réponse.

Cette nuit où couché à mourir il avait appelé les noms de ses frères et de sa mère, il n'avait pas appelé mon nom, et je n'étais ni contente ni triste de cela. Car pourquoi aurait-il appelé mon nom ? Je l'avais connu pendant les trois premières années de sa vie, j'en vins à le connaître de nouveau pendant les trois dernières années de sa vie, et entre-temps j'avais changé mon nom, je n'avais pas le nom que notre mère m'avait donné, et bien qu'il m'ait toujours appelée par le nouveau nom que je m'étais donné, il ne connaissait pas la personne que j'étais devenue (ce qui n'est pas pour dire que je connais cela, la personne que je suis devenue), il ne savait pas qui j'étais, et je vois bien que, dans l'effort de mourir, tenter de me comprendre et de comprendre tout ce qui m'était arrivé entre sa troisième et sa trentième année n'était pas seulement au-dessus de ses forces mais encore dépourvu de tout intérêt pour lui. Et ce sentiment de son absence d'intérêt pour moi, sa sœur, qui n'étais pas incluse dans la feuille d'appel de sa famille, apparemment oubliée de lui pendant les longues heures qui précédèrent son départ de ce monde, semble si naturel, si parfait ; comme il avait raison ! je n'avais jamais fait partie de la tapisserie, pour ainsi dire, de Rapiécé, l'Élégant et m'an ; j'avais seulement entendu parler de l'époque où il avait été mêlé au meurtre d'un pompiste et où notre mère s'était servie de ses nombreuses relations politiques pour le faire sortir de prison, sa peine ayant été réduite parce qu'il était devenu témoin contre les autres, ses amis, qui étaient avec lui mêlés à ce meurtre, et puis de celle où il avait repris pied pour vivre une vie faite de sentiments forts (des sentiments positifs) pour un homme qui était roi d'un petit pays dans une région d'Afrique presque dépourvue d'accès à la mer (Hailé Sélassié d'Éthiopie), en fumant les feuilles d'une plante qui lui donneraient des hallucinations. Je ne l'oublierai jamais, mon frère, mais ce n'est pas à cause de son sourire, ou de la façon dont il traversa une rivière en crue pour sauver un chien, ou de son sens de l'humour, ou de son amour pour John Milton (il n'aimait point tant John Milton que tous les gens qui vinrent après John Milton et furent influencés par lui ; mais tous les gens qu'il rencontra qui étaient venus après John Milton et étaient influencés par John Milton furent des domestiques de l'entreprise coloniale britannique) ; je ne l'oublierai jamais parce que sa vie est celle que je n'ai pas eue, la vie que, pour des raisons qui je l'espère ne seront jamais trop claires pour moi, j'ai évitée, ou à laquelle j'ai échappé. Pas son sort, parce que moi aussi, je mourrai, seulement sa vie, avec ses ombres dominant la clarté, ses ombres finissant par l'emporter sur la clarté, de telle sorte que, pour finir, quiconque voudrait le connaître devrait s'appuyer sur cela, des ombres ; et dans les ombres de sa vie il y a une femme surgissant de l'auditoire dans une librairie à Chicago et m'apprenant les secrets de sa vie, sa vie telle qu'il l'a vécue dans les ombres.

Et au moment où il était en train de mourir, tout au long de cette nuit, tout au long de la nuit j'étais à un continent de là, assise dans un avion qui volait dans l'atmosphère obscure, et puis assise dans l'éclairage artificiel des salles de l'aéroport, attendant les avions qui me transporteraient chez moi dans ma famille, voyageant à travers ces espaces dans une obscurité naturelle et puis dans une lumière artificielle, portant des plantes (ces rhododendrons, originaires d'une partie du monde, la Nouvelle-Guinée, qui m'était étrangère mais n'en a pas moins façonné ma mémoire : plantes qui feraient prospérer une population d'irritants moucherons dans ma maison et puis mourraient, et rien de ce que je pus faire, aucun remède d'aucune des nombreuses encyclopédies botaniques que je possède, ne put les sauver. Elles fleurirent superbement et puis moururent, la mort étant, comme toujours, si irréversible).

La maison de ma mère après qu'il était mort était vide de son odeur, mais je n'ai su que, mourant, il avait une odeur qu'une fois qu'il a été mort et n'était plus à la maison, il était chez l'entrepreneur des pompes funèbres, et je n'ai jamais questionné ma mère à propos des odeurs de la maison. Je voulais voir à quoi il ressemblait quand il était mort et j'avais donc demandé à l'entrepreneur de ne rien faire à son corps avant mon arrivée. Seulement maintenant, un peu plus d'un an plus tard, je me demande comment j'ai su qu'il fallait dire une telle chose, car je me félicite (seulement parce que je me serais posé la question, elle m'aurait hantée, et maintenant mon intérêt est satisfait, même si cela soulève un autre genre d'intérêt, d'autres questions lancinantes) de l'avoir fait, mais au moment où c'est arrivé – il était mort, on me l'avait dit – je me sentais loin des événements, j'aurais voulu qu'autre chose soit en train de se produire, j'aurais voulu me plaindre d'un luxe ou d'un autre qui m'aurait provisoirement déçue : la tondeuse à gazon qui n'aurait pas fonctionné, un plat exquis commandé dans un restaurant n'aurait pas été à la température idéale, une prairie devant laquelle j'adorais passer n'aurait pas atteint une certaine beauté que je voulais qu'elle atteigne.

Il était dans un sac en plastique avec une fermeture à glissière sur toute la longueur devant au milieu, un sac en plastique de bonne qualité, un sac en plastique comme ceux qu'on donne aux clients quand ils achètent un costume coûteux dans une boutique qui vend des vêtements coûteux. La fermeture quand on l'ouvrait faisait exactement le bruit d'une fermeture qu'on ouvre, comme un reptile dangereux vous avertissant de sa présence ; oh, mais d'un autre côté, c'était tellement comme le bruit d'une fermeture à glissière, n'importe quelle fermeture à glissière, ou cette fermeture à glissière-là, la fermeture à glissière du sac qui renfermait le corps de mon frère (car c'est ce qu'il était devenu, le corps de mon frère). Il avait l'air d'avoir été volontairement vidé de tout liquide, comme si sa chair avait été liquéfiée et vidée, elle aussi. Il ne ressemblait pas à mon frère, il ne ressemblait pas au corps de mon frère, mais c'était ce qu'il était tout de même, mon frère qui était mort, et tout ce qu'il restait de lui gisait dans un sac en plastique de bonne qualité. Ses cheveux n'étaient pas coiffés, son visage n'était pas rasé, ses yeux étaient grands ouverts, et sa bouche était grande ouverte, aussi. Et les yeux ouverts et la bouche ouverte faisaient qu'il avait l'air de regarder quelque chose dans le lointain, quelque chose d'horrifiant venant à sa rencontre, et qu'il hurlait, le son du hurlement désormais silencieux (mais il n'avait jamais été entendu, on me l'aurait dit, il n'avait jamais été entendu, ce hurlement), et ce hurlement semblait sans interruption, sans pause pour reprendre le souffle ; ce hurlement sortait seulement en une seule exhalaison, allant se perdre dans l'éternité ou simplement se perdre quelque part je ne sais où, ou simplement se perdre dans le néant.

Le père de mon mari était mort quatre ans plus tôt, et quand je l'avais vu mort, j'avais eu le vif désir de lui dire comment cela avait été quand il était mort, toutes les choses qui s'étaient passées, ce que les gens avaient dit, ce qu'ils avaient fait, comment ils s'étaient comportés, ce que sa mort leur avait fait éprouver ; cela ne lui aurait pas plu d'entendre tout cela, je le savais, mais je savais aussi combien il était curieux des expériences qui ne lui plaisaient pas ou qu'il ne voulait pas faire, et que l'une des façons dont j'étais devenue écrivaine avait été de raconter au père de mon mari des choses qu'il ne voulait pas que je lui raconte mais dont il était si curieux qu'il les écoutait quand même.

Mon frère n'aurait pas voulu qu'on lui dise à quoi il ressemblait quand il est mort, il n'aurait pas voulu savoir comment chacun s'était comporté, ce que chacun avait dit, ce que chacun avait fait. Il n'en aurait rien voulu savoir, sauf si quelqu'un avait eu une petite mésaventure, une petite mésaventure gênante l'aurait fait rire, il adorait rire des petites mésaventures d'autrui, je ne me rappelle pas l'avoir vu manifester de la compassion, et pourtant je ne me rappelle pas l'avoir jamais vu cruel, sa mère était cruelle. Il aurait trouvé sa mort – le fait d'être dans un sac en plastique de bonne qualité, la bouche ouverte, les yeux fixés sur quelque chose, un vide renfermant peut-être toute signification, ou fixés sur rien de particulier – comique, mais seulement si c'était arrivé à quelqu'un d'autre. Je ne sais pas, je ne sais pas. Et quand je l'ai revu ensuite, gisant dans le cercueil de pitchpin, ce bois que Mr. Drew, son père, le mari de ma mère, qui était menuisier, utilisait principalement pour fabriquer toutes sortes de meubles, ses cheveux étaient bien coiffés et teints en noir – car de quelle autre manière auraient-ils pu avoir une telle couleur ? –, ses lèvres étaient étroitement soudées l'une à l'autre et formaient un contour qui n'équivalait pas à sa bouche telle que je l'avais connue ; et ses yeux clos avaient été cousus, cousus, et il faut que je le dise encore, cousus. Et ainsi il ressemblait à une publicité pour le mort, pas au mort du tout ; car être mort jeune ne peut être si immobile, si calme, seul celui qui vit encore sait que la mort est immobile et calme ; je dis seulement cela après avoir vu mon frère qui venait de mourir, avant que les gens qui vivaient encore ne l'aient arrangé. Ma mère dit que le corps dans le cercueil ne ressemblait pas à son fils du tout (« I pa ka semb' li, i pa ka semb' Devon »), et c'était vrai, mais c'était seulement qu'il ne ressemblait pas au Devon que nous nous étions habituées à voir quand il était tombé malade et puis avait commencé cet effarant déclin dans la mort, vivant tout en étant mort. Elle oubliait que pendant longtemps il n'avait pas ressemblé à Devon, le rastafari, le chanteur de reggae, le séducteur de femmes (nous ne savions pas et ne pouvons savoir maintenant à quoi ressemblait Devon le séducteur d'hommes), que le corps dans le cercueil était celui de quelqu'un que nous ne connaissions pas, le corps qui gisait là ne nous deviendrait jamais familier, il n'aurait ni goûts ni dégoûts, ne dirait jamais rien de mémorable, nous ne nous querellerions jamais avec lui, il était mort. L'entrepreneur passa dans l'assistance pour demander si nous voulions le voir une dernière fois avant que le couvercle du cercueil ne soit fermé, après quoi toute vision de lui sur cette terre ne serait jamais plus.

Un tel moment, un adieu final, doit être compliqué. Je l'exprime ainsi, « doit être », parce que c'était quelque chose qui arrivait dans ma vie, une réalité, quelque chose de si important que je voulais que mes enfants en soient témoins. Je les avais emmenés avec moi pour le voir, je les avais emmenés avec moi quand il était mort, et eux aussi avaient vu son corps avant que l'entrepreneur ne l'ait transformé de quelqu'un qui venait de mourir en quelqu'un de prêt à être vu juste avant son enterrement. Et donc, adieu. Ma mère le regarda pour la dernière fois, ses frères le regardèrent pour la dernière fois, je le regardai pour la dernière fois, mes enfants le regardèrent pour la dernière fois, les amis que ma mère avait dans sa paroisse le regardèrent pour la dernière fois, quelques hommes de son âge qui l'avaient connu à l'école, qui n'étaient pas venus le voir quand il était malade mais assistaient maintenant à son enterrement, le regardèrent pour la dernière fois. Oh, l'indignité qu'il y a dans la mort ; heureusement que les morts semblent incapables de s'en apercevoir.

C'était dans cette entreprise de pompes funèbres où il gisait qu'avait eu lieu ma première rencontre avec une personne morte. La morte, cette fois-là, était une fillette bossue et je ne la connaissais pas, je la voyais seulement dans la rue en uniforme d'écolière, mais sa difformité l'avait rendue bien connue des autres écoliers qui n'étaient pas difformes du tout, et donc quand elle était morte, j'avais voulu voir à quoi elle ressemblait. La voir gisant dans son cercueil avait fait naître en moi un sentiment d'effarement ; voir mon frère non, mais cela pourrait être parce que quand mon frère mourut j'étais si vieille que l'idée de la mort semblait possible, mais seulement possible encore, quelque chose que d'autres pourraient décider de faire. Quand j'avais vu la fille à la bosse qui gisait morte dans son cercueil, mon frère n'était pas encore né, et même ma propre vie, la vie que je vis maintenant, n'était pas encore née, et je ne pouvais donc imaginer, n'aurais pas été capable de me demander, si cet établissement, l'entreprise de pompes funèbres Straffee (le salon mortuaire où gisait la fillette, le salon mortuaire où gisait mon frère) résonnerait en moi, resurgirait un jour d'une manière ou d'une autre dans ma vie. Le corps de mon frère ne gisait pas dans la même salle que celui de la fillette, il gisait dans la salle voisine de celle dans laquelle son corps à elle s'était trouvé, l'entreprise s'était agrandie, et de toute manière, la pièce dans laquelle elle s'était trouvée abritait un autre corps, d'autres funérailles, ceux d'un homme de trente-cinq ans qui était lui aussi mort du sida, ou du virus qui cause le sida, ou de quelque chose comme ça ; quelle que soit la façon correcte de le dire, il était mort de la même chose que mon frère. Mr. Straffee, le propriétaire de l'entreprise, mourut la même année que mon frère. Mr. Straffee était alors très vieux, et je ne puis dire s'il s'était engagé dans cette chose, l'entreprise d'enterrer les gens, pour s'accoutumer à l'idée de sa propre mort, ou s'il espérait qu'une telle intimité avec la mort le protégerait de son arrivée effective, ou atténuerait sa peur de son arrivée effective.

Le cercueil de mon frère était des plus simples, il était de la catégorie de ceux qui coûtent le moins cher, en pitchpin teinté d'un vernis très sombre. Je savais combien il coûterait et je me rendis donc avant de retourner à Antigua pour son enterrement à la banque de la petite ville dans laquelle j'habitais pour acheter des chèques de voyage. L'entrepreneur acceptait les payements en chèques de voyage.

Son cortège funèbre n'était pas important, et il pouvait y avoir bien des raisons à cela. Il était mort d'une maladie qui suscitait une profonde réprobation sociale. Les gens là d'où je viens sont tout à fait à l'aise avec la honte de la sexualité, de son inexplicable besoin, d'une façon d'en jouir qui semble excéder l'ordinaire, de sa réelle particularité ; c'est seulement quand on en meurt, de la sexualité, que la honte devient, disons, une honte. Et puis il n'était pas une personne bien connue, une personne célèbre, et cela l'aurait déçu, il avait tant envie d'être bien connu et bien considéré. Les funérailles à Antigua ont toujours été des événements mondains, surtout les funérailles de jeunes gens, mais il n'était pas si jeune, il n'était pas connu, il était mort d'une maladie à laquelle une grande honte est attachée.

Sa mort et, donc, ses funérailles ne furent pas comme celles du petit garçon qui n'avait que quatre ans, qui était mort pendant une leçon de natation avec ses condisciples dans la mer à Fort James, mort comme ça soudain, il s'était évanoui, avait perdu conscience et puis était mort, et c'est ce qu'on avait dit de sa mort : il était mort comme ça soudain, en apprenant à nager ; il s'était évanoui, avait perdu conscience et puis était mort. Il avait attendu gisant dans un réfrigérateur dans une entreprise de pompes funèbres, la même entreprise qui s'occupa de l'enterrement de mon frère, le temps que les membres de la famille de sa mère et de son père qui vivaient dans diverses parties du monde, tous loin d'Antigua, sous des climats différents de celui d'Antigua, reviennent à Antigua. Sa mère et certaines des proches parentes de son père et de sa mère portaient des robes toutes neuves taillées dans le même tissu, bien que pas toutes du même style, et aussi, elles ne manifestèrent pas leur chagrin au même moment. Le service funèbre de ce petit garçon fut célébré dans la même église où mon frère (et moi) avait été baptisé et confirmé (l'église méthodiste, mais dans cette tradition on est reçu, pas confirmé), et je n'avais vraiment rien éprouvé en voyant que son cercueil était au même endroit, devant l'autel où j'avais reçu ma première communion et bien souvent communié tout simplement par la suite. Je me trouvais là, à ce moment où j'avais vu son cercueil, à la recherche du médecin de mon frère, le Dr Prince Ramsey. L'église était pleine des parents du petit mort de quatre ans et de leurs amis, des gens se tenaient sur les marches de l'église cherchant à apercevoir le petit cercueil et bien sûr la famille, parce que le chagrin exprimé par la famille, le chagrin manifesté par la famille, excite les observateurs, suscitant la pitié pour celui qui est en deuil et, en dernier ressort, un sentiment de supériorité, car voir quelqu'un souffrir en un moment où on ne souffre pas peut inspirer un tel sentiment, la supériorité, dans une contrée comme Antigua, avec son passé d'esclavage, qui a laissé dans son sillage humiliation et infériorité ; voir les gens dans une détresse pire que la sienne c'est ressentir d'abord de la pitié pour eux et bientôt se trouver mieux qu'eux. Et ainsi se faisait-il qu'un grand nombre de gens qui ne connaissaient pas le petit garçon ou aucun membre de sa famille mais avaient appris sa mort par ouï-dire étaient venus voir son petit cercueil, quelque chose fait de bois bon marché et puis recouvert de velours blanc, et étaient venus voir sa famille souffrir de la perte qu'elle avait subie. Ses petits camarades de classe se tenaient non loin du cercueil, et par la suite ils chantèrent une chanson sur Jésus et son amour pour les enfants en particulier. Les enfants n'étaient pas au cimetière, et ils ne virent donc pas sa mère tandis qu'elle sanglotait sur son cercueil qu'on descendait dans le sol ni sa mère qui sanglotait et vomissait seulement du mucus, la seule chose qui restait dans son estomac. Les enfants ne virent pas cela, mais bien des spectateurs le virent, ils virent la mère vomir seulement du mucus à la vue du cercueil de son fils que l'on descendait dans le sol, et le père, son mari, la soutenant après qu'elle se fut affaissée par terre, et puis la menant à l'écart de la tombe s'asseoir sur une tombe voisine, tombe de quelqu'un qu'ils ne connaissaient pas je crois, mais qui était un bon endroit où s'asseoir tout de même. J'étais au cimetière toujours à la recherche du Dr Ramsey, mais il n'était pas là, et quand je le vis ensuite au cimetière, c'était aux funérailles de mon frère, et entre l'enterrement de ce garçon et la mort de mon frère, je vis le Dr Ramsey et lui parlai plusieurs fois, mais ce jour-là je ne le vis pas.

Et donc les funérailles de mon frère ; l'entrepreneur (et ce ne fut pas à ce moment que j'observai pour la première fois qu'un entrepreneur de pompes funèbres ressemble souvent à un cadavre d'une façon ou d'une autre : enflé comme un corps mort laissé à l'abandon, ou maigre et émacié comme un corps mort convenablement préservé de manière à se décomposer lentement, sèchement, ou comme un corps mort que l'on a manucuré et apprêté avec soin pour que les parents doutent vaguement de ce qu'ils ont sous les yeux : je suis en train de regarder le mort) – l'entrepreneur nous invita, nous, sa famille, à le regarder pour la dernière fois, et cette invitation à le regarder pour la dernière fois me rappela des scènes sous d'autres formes narratives dans lesquelles il y a un barman qui juste avant la fermeture du bar invite la clientèle à commander un dernier verre. Nous l'avons tous regardé, moi et sa mère et la mienne, mon frère qui ne parle plus à ma mère bien qu'ils continuent d'habiter la même maison, et mon autre frère, qui cassa le cou de ma mère en la jetant par terre en essayant de l'empêcher de lui lancer des pierres parce qu'elle réprouvait qu'il ait amené une petite amie, ou une femme quelconque avec laquelle il avait des relations sexuelles, dans la construction où il – où eux tous – demeurait ; cette construction était si proche de la maison de ma mère qu'elle entendait toutes leurs conversations et tous leurs bruits et ces conversations et ces bruits lui étaient une abomination (et c'est le mot pour les sentiments qui tourbillonnaient dans son cœur face aux actes de son fils, à sa volonté de vivre : abomination !), et quand il avait refusé de cesser de se comporter de cette façon qu'elle réprouvait, elle s'était d'abord querellée avec lui et puis lui avait lancé des pierres et, en essayant de l'empêcher de le lapider (et ce n'était pas exactement une défense légitime, car je dis qu'une défense légitime aurait été de lui lancer des pierres à elle), il l'avait jetée par terre et lui avait cassé le cou ; cassé si gravement qu'elle aurait dû mourir ou devenir tétraplégique, pourtant elle se remit si complètement qu'elle a enterré un de ses propres enfants. Un jour qu'elle se plaignait à moi de sa santé, je lui dis en plaisantant : « Oh, maman, tu nous enterreras tous » ; elle répliqua : « Tu crois », et elle rit, mais je ne ris pas, je ne pouvais pas rire, j'étais – je suis – un des « nous ». Il y avait ses deux fils encore vivants, et puis il y avait moi, sa fille unique, mais pas la sœur unique de Devon en ce monde, car son père, Mr. Drew, avait eu d'autres filles avec d'autres mères, mais j'étais sa seule sœur à ses funérailles, et moi aussi je suis allée le regarder pour la dernière fois, mais son apparence était irréelle : ses cheveux coiffés comme je ne les avais jamais vus coiffés quand je le connaissais vivant ; ses yeux clos, fermés, scellés, comme une enveloppe, pas un coffre ; son corps était délicat, fragile d'apparence, tout en os, enfin et définitivement immobilisé, sans le moindre mouvement vers le haut et le bas ; son éloignement si complet, si final, il ne parlera jamais plus, il ne parlera jamais plus de la manière quotidienne dont je parle de la parole.

Le couvercle du cercueil fut mis en place et le bruit des vis qui le fixaient ne nous fit pas pleurer ou vomir ou nous évanouir. Ma mère dit que cela ne ressemblait pas à Devon du tout et c'était vrai, mais je ne savais pas de quel Devon elle parlait : était-ce le bébé d'un jour qui faillit être mangé vivant par les fourmis rouges, ou était-ce le petit garçon de deux ans qu'on avait laissé à ma charge et dont j'avais négligé de changer la couche quand elle s'était emplie de ses fèces d'encore bébé parce que je m'étais absorbée dans un livre ; ou était-ce le Devon qui avait été mêlé à l'homicide d'un pompiste ; ou celui qui jouait si bien au cricket et avait appris à nager dans le Country Pond ; ou celui qui fumait l'herbe, *the Weed*, ainsi qu'elle parlait de son intoxication à la marijuana ; ou celui qui avait commencé à changer, jeune homme débordant de vie qu'une très grave pneumonie avait contraint à s'aliter et puis qui s'était entendu dire au beau milieu d'une salle d'hôpital par un médecin accompagné de deux infirmières qu'il avait le virus VIH et que bientôt il serait mort ; ou celui qui peu après allait assez bien pour se mettre à coucher sans protection avec des femmes et à coucher avec d'autres gens qui n'étaient pas des femmes mais dont nous – c'est-à-dire, sa famille – ne savions rien ? Quel Devon était-il ? Tous, j'imagine, et lequel préférait-il, et lequel de ces lui-même le rendait-il le plus heureux ? Cela je ne puis le dire, et peut-être ne le pouvait-il pas non plus.

Et ce jour où il fut enterré n'était pas du tout dissemblable du jour où je l'avais vu pour la première fois couché presque mort dans un lit de la salle Gweneth O'Reilly du Holberton Hospital. Tous les jours à Antigua doivent être les mêmes, les gens comptent là-dessus, c'est la raison pour laquelle ils y vont, c'est la raison pour laquelle ils en partent, les jours sont les mêmes, le soleil brille, il ne pleuvra pas, le soleil se lève autour de six heures du matin, le soleil se couche autour de six heures du soir ; si cela ne reste pas ainsi, c'est une catastrophe ; un cyclone peut changer cela, ou le réveil d'un volcan, mais Antigua ne possède pas une chose telle qu'un volcan. Il est mort par un jour ensoleillé, il a été enterré par un jour ensoleillé. À l'entreprise des pompes funèbres, il y avait des gens qui allaient et venaient à l'extérieur et je ne les connaissais pas, mais cela s'expliqua quand je me rendis compte qu'il y avait un autre homme jeune que l'on enterrait, un homme jeune qui avait une famille et pas beaucoup d'amis ; il était, lui aussi, mort du sida. Sa tombe n'était pas à plus de vingt mètres de celle de mon frère, et les deux cérémonies sur leur tombe coïncidèrent, les familles et les amis des deux morts ne se parlèrent pas ; les deux hommes furent enterrés à la périphérie du cimetière, loin de l'entrée, et ce ne fut pas ainsi à cause de la chose qui avait causé leur mort mais à cause de quelque chose qui, voilà longtemps peut-être, suscitait la même réprobation sociale que le sida : eux ou leur famille n'étaient pas les fidèles d'une église respectable. L'autre homme fut enterré dans la zone réservée aux adventistes du septième jour, mon frère fut enterré dans la zone réservée à l'église du Nazaréen. Rien de leurs deux cérémonies mortuaires ne suscita la moindre communication entre leurs deux familles, ni d'avoir partagé la même entreprise de pompes funèbres, ni de partager le fait d'être enterré à la périphérie du cimetière. La famille de l'autre mort ne nous dit pas un mot de compassion et nous ne lui dîmes pas un mot de compassion. L'église du Nazaréen était l'église de notre mère, elle y assistait régulièrement à l'office, les fidèles de sa paroisse venaient souvent prier avec mon frère, alors qu'il ne croyait à rien lui-même, sauf quand il pensait, à l'instant même où il en avait besoin, que la foi dans la chose qui était devant lui pourrait lui rendre service. Mais il mourut, et en chemin pour l'église, nous passâmes devant des hommes dans un chantier, installés sous un arbre à fabriquer des cercueils, et ils levèrent les yeux à notre passage, peut-être pour voir leur travail, car son cercueil était sorti de leurs mains, ils travaillaient pour Mr. Straffee, et aussi par curiosité, car cela doit être vrai pour eux aussi, même s'ils fabriquent ces maisons pour les morts dont la demande est constante, qu'ils se demandent si c'est quelque chose de réel, si cela leur arrivera à eux ; si elle est si certaine, la mort, pourquoi est-elle une si grande surprise, pourquoi tous ceux qui restent, qui ne sont pas morts, sont-ils dans un tel état de choc, comme si cette chose, la mort, cette perte à jamais de quelqu'un qui compte pour vous, ne s'était jamais produite encore ? Pourquoi est-ce si nouveau, pourquoi cette chose archi-usée, la mort, que quelqu'un meure, est-elle si nouvelle, si nouvelle ?

Et pourtant, quand le pasteur dans son sermon prêcha que nous serions tous réunis par la suite, cela ne m'a pas plu du tout, je voulais lui dire que je ne voulais pas voir ces gens avec qui j'avais partagé tant de choses – une matrice dans le cas de mon frère, le sang et le souffle dans le cas de ma mère –, je ne voulais pas me retrouver avec aucun de ces gens dans un autre monde. Je les avais bien assez vus dans celui-ci ; ils sont tout pour moi et ils ne sont rien pour moi, et cependant, je ne sais pas vraiment ce que je veux dire quand je dis cela. Mon frère, celui qui vit dans la même maison que ma mère mais ne lui parle pas et refuse de lui répondre quoi qu'elle lui dise, et dit qu'il ne lui répondrait pas même si elle lui demandait de lui sauver la vie, particulièrement si elle lui demandait de lui sauver la vie (et ce n'est pas celui qui l'a jetée par terre et lui a cassé le cou, cassé si gravement qu'elle aurait dû en mourir ou rester invalide depuis la ceinture au lieu de quoi elle a complètement guéri et a déjà enterré un de ses enfants pour le moment), ce frère dit quelques mots sur son frère mort, celui qu'il avait surnommé « Rapiécé », mais il ne fit pas allusion à cela, à ce surnom de « Rapiécé », il rappela seulement que Devon adorait jouer au cricket, qu'ils avaient été très proches tous les deux quand ils étaient écoliers ; il ne dit pas combien ils avaient eu peur quand leur père (Mr. Drew) était mort et qu'ils n'avaient pas voulu assister à son enterrement et s'étaient cachés de notre mère, qui avait dû les battre (dans un cas) ou menacer de les battre (dans l'autre) pour qu'ils y assistent ; il ne dit pas qu'en prenant si peu de soin de sa propre vie son frère mort avait peut-être amené cette fin prématurée, et que cette insouciance était à l'opposé de sa propre prudence industrieuse (il avait trois métiers : comptable, marchand de nourritures importées au marché et joueur de steel-drum bass dans le steel band le plus en vue d'Antigua). Sa voix se brisa tandis qu'il parlait de son frère, je pleurai en l'entendant parler de son frère, mais pourquoi lui et moi avons-nous fait cela, nous qui tant de fois avions dit que si par quelque miracle Devon pouvait être guéri de sa maladie il n'aurait pas changé ses façons de faire ; il ne serait pas devenu industrieux, occupant trois emplois à la fois pour joindre les deux bouts, il ne serait pas devenu fidèle à une femme ou à un homme. Mais c'était la fin et il gisait dans le cercueil, le cercueil le moins coûteux de la gamme de cercueils pour adultes de Mr. Straffee, il était maigre, si diminué que les couvertures et les draps de son lit, nettoyés de frais par sa mère, avaient dû être enfermés avec lui dans le cercueil pour empêcher son corps de faire du bruit en bringuebalant (alors que vraiment il n'aurait pas pu l'entendre et qu'il n'aurait certainement pas pu le sentir).

Je suis devenue écrivaine par désespoir, de sorte que, quand j'appris que mon frère était mourant, j'étais familiarisée avec l'acte qui me sauverait : j'écrirais à son sujet.

J'écrirais au sujet de sa mort. Quand j'étais jeune, plus jeune que je ne le suis maintenant, j'ai commencé à écrire au sujet de ma propre vie et j'en suis venue à voir que cet acte m'avait sauvé la vie. Quand j'ai appris que mon frère était malade et qu'il allait mourir, j'ai su, instinctivement, que pour le comprendre, ou pour tenter de comprendre sa mort, et pour ne pas mourir avec lui, j'écrirais à ce sujet.

Pendant bien des années j'ai écrit pour un homme qui s'appelait William Shawn. Chaque fois que je pensais à quelque chose à écrire, je pensais immédiatement à lui le lisant, et la pensée de cet homme, William Shawn, lisant quelque chose que j'avais écrit, me faisait seulement vouloir l'écrire encore plus ; je le voyais assis (pas dans un endroit particulier) et lisant ce que j'avais écrit et me disant si cela lui plaisait, ou n'en parlant plus jamais si cela ne lui plaisait pas, et l'intérêt n'était pas de l'entendre dire que cela lui plaisait (même si cela était mieux que toute autre chose au monde) mais seulement de savoir qu'il l'avait lu, et pourquoi il fallait qu'il en aille ainsi dépasse ma capacité à le mettre en mots pour le moment, ou le simple fait de le mettre en mots pour le moment (et c'était seulement à travers les mots que je le connaissais) le rendrait soit faux, soit incomplet, comme l'amour, j'imagine : pourquoi est-ce que je t'aime, pourquoi est-ce que tu m'aimes ? Presque toute ma vie d'écrivaine, tout ce que j'écrivais, je m'attendais à ce que Mr. Shawn le lise, et donc quand j'ai appris que mon frère allait mourir et immédiatement su que j'écrirais à son sujet, j'ai pensé à

Mr. Shawn, mais Mr. Shawn venait de mourir, lui aussi, et j'avais vu Mr. Shawn mort, et à ce moment-là j'avais même voulu lui dire comment c'était quand il était mort, et ça ne lui aurait pas plu d'entendre cela en aucune manière, mais j'avais accoutumé de lui dire des choses dont je savais qu'elles ne lui plaisaient pas, je ne pouvais m'empêcher de tout lui dire, que cela lui plaise ou non. Et j'ai donc écrit sur un mort pour un mort, et pendant tout le temps où j'ai écrit, je pensais : Quand j'en aurai fini avec cela, je n'écrirai plus jamais pour Mr. Shawn, cela sera la fin de tout ce que j'écrirai jamais pour Mr. Shawn ; mais maintenant, j'imagine qu'il n'en sera pas ainsi. Ce fut parce que j'avais négligé mon frère quand il avait deux ans pour lire un livre que ma mère ramassa tous les livres que je possédais et les entassa sur sa pile de roches galettes, les arrosa de pétrole lampant et y mit le feu ; je ne me rappelle pas les titres de ces livres, je ne me rappelle pas ce qu'ils racontaient (ce devait être des romans, à quinze ans je lisais seulement des romans), mais il ne serait pas si bizarre que je passe le restant de ma vie à tenter de ramener ces livres dans ma vie en les réécrivant et les réécrivant encore jusqu'à ce qu'ils soient parfaits, indemnes de tout feu d'aucune sorte. Pendant très longtemps j'avais le lecteur parfait pour ce que j'écrivais et plaçais dans les livres indemnes ; la source des livres n'est pas morte, elle ne fait que revivre et revivre encore sous différentes formes et dans d'autres segments. Le lecteur parfait est mort, mais je ne vois aucune raison de ne pas écrire pour lui de toute manière, car je m'habituerai plutôt à ne plus jamais l'entendre – le lecteur parfait – qu'à ne plus pouvoir écrire pour lui du tout.

Quand mon frère était en train de mourir
ces gens ont été bons pour lui :
Dr Nancy Scattergood, Dr Eric Pillemer,
Dr Catherine Hart, Edward Molloy de la pharmacie
de Bennington, dans le Vermont.
Ils ne le connaissaient pas.

Et aussi, quand mon frère était en train de mourir
ces gens ont été bons pour lui :
Dr Prince Harold Ramsey, Bud et Connie Rabinowitz,
l'amie de sa mère, Sister Lee.
Ces gens, eux, le connaissaient.

Il est mort. De sa part je voudrais exprimer de la gratitude
à eux tous. À eux tous je voudrais dire :
Merci.

Note des traducteurs

Le travail à proprement parler extraordinaire de Jamaica Kincaid sur l'écriture (on serait parfois tenté de dire *contre* l'écriture) pose au traducteur qui souhaite en rendre compte le plus fidèlement possible un problème presque insurmontable. Pour définir ce style qui semble un refus du style, cette littérature qui se situe au-delà – voire en deçà – de la littérature, l'un des premiers mots qui viennent à l'esprit est la littéralité. Et l'on sait que « littéral » n'est pas un qualificatif flatteur pour une traduction. L'extrême violence, l'intensité de ce texte calciné naissent curieusement d'un refus systématique des « grands mots », de la répétition lancinante des expressions les plus simples, voire banales, de la langue anglaise. Le risque, pour traduire « bien » (sans lourdeur excessive, avec ce qu'il est convenu d'appeler une certaine élégance, etc.), serait tout simplement de faire disparaître, d'occulter derrière les mots du français la voix inimitable, absolument originale, qui nous parle ici.

Un exemple permettra peut-être de nous faire mieux comprendre. Malgré ce que trop de traductions littéraires négligées et de médiocres versions françaises cinématographiques ont fini par imposer à l'oreille et à la conscience françaises, *I am sorry* ne signifie que bien rarement en anglais « je suis désolé ». *Sorry* vient de *sorrow*, le chagrin. Et cette phrase toute faite recouvre une grande quantité de significations, depuis « pardon », « je regrette », « je m'excuse », « je te plains », « j'ai de la peine », jusqu'à « je suis désolé ». En l'occurrence, « Toutes mes condoléances » serait la traduction « naturelle » de « *I am sorry* » dans le passage où Jamaica Kincaid décrit la réaction des gens (intimes, proches ou lointains) à la mort de son frère. Mais pour « bien » traduire, il aurait fallu renoncer à faire comprendre l'ensemble des considérations auxquelles l'auteure se livre sur ces trois mots. Nous avons dû, à notre grand dam, nous résoudre à les traduire par « je suis désolé ».

Restait le problème du créole anglais d'Antigua. Si ses sonorités et sa syntaxe le rendent mal compréhensible à un locuteur américain, son orthographe s'éloigne très peu de l'orthographe anglaise. Nous avons pris le parti de le rendre par le créole guadeloupéen – et que Marie-Claude Mapaula soit ici remerciée de son aide amicale –, mais son orthographe (en l'occurrence purement phonétique et restituée) le rend quasi incompréhensible au lecteur français. C'est pourquoi nous nous sommes permis de la tirer indûment vers l'origine (« moin » redevient « moi », « limié » « lumiè », « vlé » « voulé », etc.). Que nos amis antillais aient la générosité de n'y voir aucune tentation annexionniste.

J.-P. C. et J. H.

De la même autrice

Annie John
Éditions de l'Olivier,
Petite Bibliothèque américaine, 1996

Autobiographie de ma mère
Albin Michel, 1997
Éditions de l'Olivier, collection « replay », 2016

Lucy
Albin Michel, 1999

Au fond de la rivière
Éditions de l'Olivier, 2001

Mr. Potter
Éditions de l'Olivier, 2004

Voyons voir
Éditions de l'Olivier, 2016

Dans la même collection

Olivier Adam
Poids léger

Jakuta Alikavazovic
Le Londres-Louxor

Nathacha Appanah
Le Dernier Frère

Aharon Appelfeld
Histoire d'une vie

John Berger
King

Geneviève Brisac
Petite

Raymond Carver
Les Vitamines du bonheur
Neuf histoires et un poème

Agnès Desarthe
Mangez-moi
Le Remplaçant

Jean-Paul Dubois
Si ce livre pouvait me rapprocher de toi
Prends soin de moi

Jeffrey Eugenides
Middlessex
Virgin Suicides

Anne Fine
Indépendance

Jonathan Safran Foer
Tout est illuminé

Richard Ford
Indépendance

Jonathan Franzen
Freedom

Lauren Groff
Arcadia

Damon Galgut
Un docteur irréprochable

Cormac McCarthy
Méridien de sang

Jay McInerney
Trente ans et des poussières

Claude McKay
Banjo

David Mitchell
Écrits fantômes

Alice Munro
Trop de bonheur

John O'Hara
Rendez-vous à Samarra

Stewart O'Nan
Un mal qui répand la terreur

Véronique Ovaldé
La Grâce des brigands

Cynthia Ozick
La Galaxie cannibale
Le Châle

Ann Packer
Un amour de jeunesse

Maurice Pialat
Nous ne vieillirons pas ensemble

James Salter
Un sport et un passe-temps

David Schickler
Comédie new-yorkaise

Florence Seyvos
Le Garçon incassable

Rebecca Solnit
L'Art de marcher

David Thomas
La Patience des buffles sous la pluie

Melanie Rae Thon
Iona Moon

Justin Torres
Vie animale

David Foster Wallace
C'est de l'eau

Valérie Zenatti
En retard pour la guerre

RÉALISATION : NORD COMPO À VILLENEUVE-D'ASCQ
ACHEVÉ D'IMPRIMER SUR ROTO-PAGE
PAR L'IMPRIMERIE FLOCH À MAYENNE
DÉPÔT LÉGAL : JANVIER 2025. N° 2262 (106134)
IMPRIMÉ EN FRANCE